„Mirakel wirken"– Mozarts Klavierkonzerte

W0245185

Erschienen anlässlich des
Zürcher Mozartfestes 10. Mai bis 18. Juni 2001

In Zusammenarbeit mit
dem Zürcher Kammerorchester

Andreas Wernli (Hrsg.)

„Mirakel wirken" –
Mozarts Klavierkonzerte

Ein Lesebuch zu Mozarts Klavierkonzerten

PETER LANG

Bern · Berlin · Bruxelles · Frankfurt am Main · New York · Oxford · Wien

Die Deutsche Bibliothek – CIP-Einheitsaufnahme

„Mirakel wirken" – Mozarts Klavierkonzerte : ein Lesebuch zu Mozarts
Klavierkonzerten ; [anlässlich des Zürcher Mozartfestes 2001] / Andreas
Wernli (Hrsg.). [In Zusammenarbeit mit dem Zürcher Kammerorchester]. –
Bern ; Berlin ; Bruxelles ; Frankfurt am Main ; New York ; Oxford ; Wien :
Lang, 2001
ISBN 3-906767-04-3

Satz: Andreas Wernli
Umschlagbild: W. A. Mozart, Klavierkonzert F-Dur KV 459,
Beginn des 3. Satzes
Umschlaggestaltung: Thomas Jaberg, Peter Lang AG

ISBN 30-906767-04-3

© Peter Lang AG, Europäischer Verlag der Wissenschaften, Bern 2001
Jupiterstr. 15, Postfach, CH-3000 Bern 15
info@peterlang.com, www.peterlang.net

Printed in Germany

Inhalt

Einleitung

Mozart (7-jährig) und seine Schwester Nannerl

Maria Anna Mozart (1751-1829) – Anfang 1763

Wolfgang Amadé Mozart – Salzburg, Anfang 1763

Leopold Mozart aus Wien an Lorenz Hagenauer, Salzburg

[...] den 15ten schickte die Kayserin durch den geheimen Zahlmeister, der in galla vor unser Hauß gefahren kam, 2 Kleid: eins für den buben und eins fürs Mädl. [...] Wollen Sie wissen wie des Wolferl Kleid aussiehet? – Es ist solches vom feinsten Tuch liloa=Farb, Die Veste von Moar nämlicher Farbe, Rock und Kamisol mit Goldborten breit und doppelt bordieret. Es war für Prinz Maximilian gemacht, der Nanerl ihr Kleid war das Hofkleid einer Prinzessinn. Es ist brochierter Tafet mit allerhand garnierungen. Es ist schade, daß man nichts anders als einen gottillion hat darausmachen können, allein ein Miederl ist auch darbey. [...]

16. und 19. Oktober 1762; *Briefe* I, S. 53 und 55.

Andreas Schachtner

„Mirakel wirken..."

Johann Andreas Schachtner (1731-1795) war Hoftrompeter in Salzburg sowie Dichter und Librettist und ein enger Freund der Familie Mozart. Die folgende Begebenheit steht in seiner Antwort vom 24. April 1792 auf eine Umfrage, die Mozarts Schwester, Maria Anna („Nannerl"; 1751-1829), durchgeführt hatte.

Einsmals gieng ich mit Hrn. Papa nach dem Donnerstagamte zu ihnen nach Hause, wir traffen den vierjährigen Wolfgängerl in der Beschäftigung mit der Feder an.

> Papa: Was machst du?
> Wolfg: ein Concert fürs Clavier, der erste theil ist bald fertig.
> Papa: lass sehen.
> Wolfg: ist noch nicht fertig.
> Papa: lass sehen, das muss was saubers seyn.

Der Papa nahm ihms weg, und zeigte mir ein Geschmiere von Noten, die meistentheils über ausgewischte dintendolken geschrieben waren (N.B. der kleine Wolfgangerl tauchte die Feder, aus Unverstand, allemal bis auf den Grund des Dintenfasses ein, daher musste ihm, so bald er damit aufs Papier kamm, ein dintendolken entfallen, aber er war gleich entschlossen, fuhr mit der flachen hand drüberhin, und wischte es auseinander, und schrieb wieder drauf fort). wir

lachten anfänglich über dieses scheinbare galimathias[a],
aber der Papa fieng hernach seine Betrachtungen über
die Hauptsache, über die Noten, über die Composition
an, er hieng lange Zeit steif mit seiner Betrachtung an
dem Blate, endlich fielen zwei Thränen, Thränen der
Bewunderung und Freude aus seinen Augen. sehen
sie, Hr. Schachtner, sagte er, wie alles richtig und regelmässig gesetzt ist, nur ists nicht zu brauchen, weil
es so ausserordentlich schwer ist, dass es kein Mensch
zu spielen im Stande ware. der Wolfgangerl fiel ein:
drum ists ein Concert, man muss so lang exercieren, bis
man es treffen kann, sehen Sie, so muss es gehn. er
spielte, konnte aber auch just so viel herauswirgen,
dass wir kennen konnten, wo er aus wollte. Er hatte
damals den Begrief, das, Concert spielen und Mirakel
wirken einerley seyn müsse.

Briefe IV, S. 181f.

[a] unverständliches Geschwätz

Andreas Wernli

Vorwort

Wozu dieses Lesebuch zu Mozarts Klavierkonzerten?

Dafür gibt es zwei Gründe. Der eine liegt in der Sache selbst: Mozarts Klavierkonzerte gehören zu den ganz grossen Kunstwerken unserer Kultur; in ihnen wird Tiefes und Gültiges darüber zum Ausdruck gebracht, was Menschsein heisst. Dabei handelt es sich nicht bloss um ein einziges Konzert, wie bei Schumann und Grieg, oder um zwei, wie bei Chopin, Liszt und Brahms, oder gar um drei, wie bei Tschaikowsky und Bartók; es sind auch nicht fünf, wie bei Beethoven – nein, es sind 27! (Eine Übersicht findet sich auf der vorderen und hinteren Innenseite des Umschlags.) Zwar haben sie im einzelnen unterschiedliches künstlerisches Gewicht; auch sind sie nicht regelmässig über Mozarts Schaffen verteilt. Aber zusammen bilden sie eine Werkeinheit, wie es sie zuvor und danach nicht mehr gegeben hat. Und da ein Hauptgewicht von Mozarts künstlerischer Tätigkeit auf dem Klavierspiel lag, finden wir in diesen Werken auch einige seiner zentralen künstlerischen Aussagen. Wenn es nun das *Zürcher Mozart-Fest* (wie wohltuend, einem solchen Programmschwerpunkt einmal ausserhalb von ,bedeutenden' Jubiläen zu begegnen) möglich macht, alle Klavierkonzerte innerhalb eines kurzen Zeitraums zu hören, dann macht es auch Sinn, wenn diese Hörerschaft eine Gelegenheit erhält, sich in das Thema zu vertiefen. Bei dessen Bedeutung allerdings ein Interesse wohl auch über den aktuellen Anlass hinaus gegeben ist.

Quellen und Literatur zu diesem Gegenstand sind reichlich vorhanden. Bei der Auswahl leiteten mich zwei Gedanken: dass sie einen Einblick in den unterschiedlichen Umgang verschiedener Persönlichkeiten zu verschiedenen Zeiten mit Mozarts Klavierkonzerten erlaubt und dass sie einer Leserschaft zugänglich ist, die keine vertieften musikalischen Kenntnisse mitzubringen braucht. Deswegen habe ich auch in einigen Beiträgen detaillierte Analysen und Notenbeispiele herausgenommen. Allerdings ist Differenziertheit ein herausragendes Merkmal von Mozarts Musik, und ihr kann nur eine differenzierte Sprache gerecht werden, die *auch* von musikalischen Sachverhalten spricht. Wie man bei Bildern von Farbgebung, Pinselstrich oder Perspektive redet, so in der Musik von Instrumentation, formalen Abläufen oder Tonarten. Im Glossar sind die wichtigsten und häufigsten Begriffe knapp erläutert. Meine Anmerkungen zu einzelnen Begriffen und Personen finden sich in den Fussnoten (Buchstaben) unten an der jeweiligen Seite; Literaturhinweise sowie Erläuterungen der Autoren in den Anmerkungen (Zahlen) jeweils am Ende eines Kapitels.

Aber da war doch noch ein anderer Grund für dieses Buch?

„Lesen über Musik ist wie ein gemaltes Mittagessen betrachten." Ein solcher Satz ist so falsch wie pointiert: Denn über Musik lesen und Musik hören sind zwei verschiedene Dinge, und nicht das eine ein armseliger Ersatz für das andere. Natürlich nützt die ganze Lektüre wenig, hört man sich die Musik dann nicht auch an. Doch wenn man sich der Musik zudem lesend nähert, verändert und vertieft sich deren Wahrnehmung. Wer die unbändige Lebenslust aus Mozarts Augsburger und Mannheimer Briefen spürt (unten S. 19ff.), wird das D-Dur-Konzert KV 175 anders hören; und das c-Moll-Konzert KV 491, wer sich bei Volkmar Braunbehrens informiert hat. Wer Carl Spittelers berührten und berührenden Aufsatz kennt, wird ein anderes Bild von Mozart haben; oder auch die witzige Aktualisierung eines Urs Frauchiger, bei der die wichtigsten Äusserungen Mozarts zum Klavierspiel zusammengetragen sind; und wieder anders die skrupulöse Annäherung des ersten grossen Mozart-Biografen Otto Jahn an ein ‚heikles‘ Thema. Im vorliegenden Buch soll auch ein Eindruck von der unglaublichen Vielfalt an Aspekten und Interpretationen vermittelt werden, unter denen Mozarts Klavierkonzerte betrachtet worden sind, und wozu sie geführt haben. Zwar habe ich mich auf die Mozart-Klavierkonzerte konzentriert, doch finde ich die verschiedenen Blickwinkel, aus denen sie angegangen werden, genau so aufschlussreich und keineswegs nebensächlich: Was ein Charles Rosen zu Fragen der Klangvorstellung anmerkt ist für mich so spannend wie die Bemerkungen und Zitate von Ulrich Dibelius zur Biografik, Volkmar Braunbehrens und H.C. Robbins Landon zum gesellschaftlichen Umfeld oder schliesslich Konrad Küster zu einer so ‚trockenen‘ Materie wie Papiersorten und Wasserzeichen. Querverbindungen, Verdoppelungen und Widersprüche sehe ich als einen zusätzlichen Reiz dieser Anthologie.

Es sei mir verziehen, wenn es zudem gelegentlich zu Abschweifungen in benachbarte Gebiete kommt: Auf ein Juwel wie Hermann Hesses „Satz über die Kadenz" wollte ich so wenig verzichten wie auf Clara Schumanns Skrupel bei geistigem Eigentum (unten S. 66f.) oder Edvard Griegs Fortschrittsglauben (unten

S. 69). Verziehen sei mir auch, dass die Systematik vorwiegend im Register stattfindet. Wer sich eingehender über jedes einzelne Konzert informieren will, als dies in Marius Flothuis' Übersicht möglich ist, der greife zu den Konzertführern[a]; wer über die nötigen musiktheoretischen Kenntnisse verfügt, zu Flothuis' ausgezeichnetem Buch[b]; nützlich für allgemeine Fragen zu Mozart ist zudem Erich Valentins Lexikon[c].

Ich danke der Leitung des Zürcher Kammerorchesters, die mit dem Mozartfest 2001 den Anlass zu diesem Buch bildet, den Verlagen für das freundliche Entgegenkommen in Sachen Copyright, Frau Heidi Ambühl-Adalian von der Peter Lang AG für ihre umsichtige Mitarbeit, sowie Frau Michèle Dorner und Frau Barbara Honegger für die argusäugige Durchsicht der Druckvorlage.

Ich danke aber auch der Leserschaft, die sich – hoffentlich zu ihrem Gewinn und Vergnügen – auf diese Reise durch die Mozart-Literatur begibt und vor allem den vielen Denkern, Musikern, Wissenschaftlern und Schriftstellern (die hier nur einmal vertretenen Repräsentant*innen* mit inbegriffen), die sich alle, selbst wenn sie im Lesebuch nicht aufgenommen sind, je auf seine und ihre Art mit dem Thema auseinandergesetzt haben. Am allermeisten aber ist demjenigen zu danken, der mit seiner Musik am Anfang von alledem steht:

Wolfgang Amadé Mozart.

[a] Z. B. Arnold Walter-Jensen: *Wolfgang Amadeus Mozart.* Bd.1: *Instrumentalmusik.* Stuttgart 1989 (= *Reclams Musikführer*).
[b] Marius Flothuis: *Mozarts Klavierkonzerte. Ein musikalischer Werkführer.* München 1998 (= *Beck'sche Reihe* 2201).
[c] Erich Valentin: *Lübbes Mozart Lexikon.* Bergisch Gladbach 1994 (= *Bastei-Lübbe-Taschenbuch* 61319).

Zu Lebzeiten

1756 – 1791

Mozart (14-jährig) und seine Mutter

Anna Maria Walburga Mozart (1720-1778) – um 1775

Wolfgang Amadé Mozart – Verona, Januar 1770

Briefe und Dokumente aus Mozarts Zeit

Mozarts Briefe sind eine reichlich fliessende und wichtige Quelle, denn er hatte ein in jeder Beziehung enges Verhältnis zu seinem Vater, und jedes Mal, wenn die beiden getrennt waren, tauschten sie für uns viele wertvolle und auch unterhaltende Einzelheiten aus. Als Ergänzung zu den Briefstellen über die Klavierkonzerte sind einige Dokumente eingefügt – sie zeigen, wie Mozart von Drittpersonen gesehen wurde. Die originale Schreibweise und Interpunktion wurde beibehalten, selbst wenn sie nicht immer einfach zu lesen ist und schon gar nicht konsequent gehandhabt wird. Doch kommt damit die besondere Sprache jener Zeit und ihrer Persönlichkeiten besser zur Geltung. Was im Original unterstrichen oder sonstwie hervorgehoben ist, wird im ganzen Buch generell kursiv wiedergegeben.

Wir beginnen mit dem Jahr 1777 – Mozart ist seit einem Monat unterwegs von Salzburg Richtung Paris, wo er sein Glück zu machen hofft.[a] Er befindet sich in Begleitung seiner Mutter, da der Vater Leopold von seinem Dienstherrn keinen Urlaub bekommen hat. Die Aufbruchstimmung und das Selbstbewusstsein des 21-jährigen lassen sich deutlich herauslesen – aber auch die Ausstrahlung, die er offensichtlich auf seine Umgebung und sein Publikum hatte. So etwa bei seiner zweiten Station, Augsburg, der Vaterstadt von Leopold Mozart. Dort begegnet Mozart auch dem Bäsle – doch das ist eine andere Geschichte.

---

[a] S. dazu auch unten S. 174f.

Augsburgische Staats- und Gelehrtenzeitung
20. Oktober 1777

Etwas für Kunst- und Musikliebende!

Ehre für uns, lieber Patriot! Einen Tonkünstler, einen Landsmann hier zu haben, um den uns ganz England, Frankreich und Italien beneidet.

Wer ein wenig mit politischen Blättern bekannt, wird wissen, dass es niemand als Herr Chevalier Wolfgang Amadee Mozart seyn kann, der in seiner zarten Jugend bey obigen Nationen so große Wunder gethan.

Lasst sehen, ob ers auch bey uns thut?

Morgenden Mittwoch, den 22. Oct. wird Chevalier Mozart eine Academie in dem Hochgräfl. Fuggerschen Concertsaal geben, wo zu Bestreitung der Unkosten gleich beym Eingang für den ersten Platz 1 fl. und für den zweyten 30 kr. bezahlt wird. Die Composition ist durchaus von diesem Author, und soll in folgender Ordnung erscheinen: 1) Sinfonie mit gehörigen Instrumenten, 2) Clavier-Concert mit 3 Piano Forte. Ein Umstand, der sehr selten, hier aber durch einen günstigen Zufall aufgeführt wird. 3) Clavier Sonata ohne Begleitung. 4) Ein einfaches Clavier-Concert con stromenti. 5) Wann es die Zeit erlaubt, eine frey-fugirte Fantasie im Kirchenstyl. 6) Schluss-Sinfonie. Herr Mozart wird sich alle Mühe geben, seine Herren Landsleute etliche Stunden recht herrlich zu unterhalten.[1]

Vater Leopold erfährt in Salzburg von dem Konzert und hat tausend Vermutungen, Ratschläge und Fragen:

Salzburg, 23. Oktober 1777

[...] freylich muß man, wenn man ein Concert geben will, solches viele täge vorher bekannt machen. Ich wünsche nur, daß es einträglich seyn möchte! doch vermuthe, es wird nicht gar viel austragen. die Person wird wohl 1 fl 12 x^r bezahlen. Ob aber viel kommen. *Ich bin begierig solches zu hören.* daß das orchester sehr traurig – weis ohnehin; das ist freilich betrübt! *Diesen augenblick schickt mir H: Hagenauer das intelligenz-blat, und in eben der Minute die Fr: v gerlichs die Zeitung, weil in beyden das Concert angekündigt ist.* Es ist gut das 2 Einlageplätze sind. *Die ankündigung* ist sehr gut gemacht. Ihr werdet also das *Clavier Concert a 3 Clavecin spielen?* und da wird vielleicht H: Steins kleine Tochter mit spielen? vielleicht gar das 1te Clavier, du das 2te und etwa vatter Stein^a das 3te? – – so liesse sich etwas vermuthen! – – Nun, da du dieses liesest, ist alles vorbey, *und ich hoffe darüber ein paar Worte Nachricht, wie es abgelauffen.* Mir ist lieb, daß H: Steins Pianforte so gut sind. Sie sind aber freilich auch theuer. [...]^2

Und dies sind die „paar Worte Nachricht" Wolfgangs an seinen Vater, wobei er die Sache auch noch spannend macht:

Augsburg, 23. Oktober 1777

gestern Mittwoch den 22ten ist meine accademie *in scena* gangen. graf wolfeck war fleissig dabey, und brachte etliche stiftsdamen mit. [...] nun muß ich eine beschreibung von den vergangenen tägen machen, ehe ich zum Concert komme. [...]

---

^{a} Johann Andreas Stein (1728-1792), Klavier- und Orgelbauer in Augsburg.

Es folgen in aller Ausführlichkeit die Ereignisse seit dem vorhergegangenen Samstag, erst dann kommt Mozart endlich zur Beschreibung des Konzerts:

graf wolfeck lief immer im saal herum, und sagte. so hab ich mein lebetag nichts gehört. er sagte zu mir. ich muß ihnen sagen, dass ich sie niemahlen so spiellen gehört, wie heüte. ich werde es auch ihrem Vatter sagen, so bald ich auf salzbourg komme. was meynt der Papa was das erste war nach der Sinfonie? – – Das Concert auf *3 Clavier* [KV 242]: H: *Demler* spiellte das erste, *ich:* das zweyte, und H: *stein* das dritte. dan spiellte ich allein, die lezte Sonata ex D fürn Dürnitz: dann mein Concert ex B [KV 238]. dann wieder allein ganz orglmässig, eine fuge ex c minor, und auf einmahl eine Prächtige sonata ex C major so aus dem kopf mit einem Rondeau auf die lezt. es war ein rechtes Getös und lerm. H: stein machte nichts als gesichter und grimaßen für verwunderung. H: *Demler* muste beständig lachen. das ist ein so Curioser Mensch, das wen ihm etwas recht sehr gefällt, so mus er ganz entsezlich lachen. bey mir fieng er gar zu fluchen an. [...]

Das Concert hat 90 f: getragen ohne abzug der unkösten. Wir haben also nun mit die 2 Ducaten auf der stube[a] 100 f: eingenommen. die unkösten vom Concert haben nicht mehr als 16 f: 30 kr: betragen. den saal hatte ich frey. [...][3]

Die nächste Station ist Mannheim. Lange, viel zu lange für Vater Leopolds Geschmack, bleiben Mozart und seine Mutter dort hängen, auch nachdem sich die Aussichten auf eine

---

[a] Ein privates Konzert.

mögliche Anstellung längst zerschlagen haben. Mozart ist
verliebt in Aloysia Weber, die Schwester seiner späteren
Frau Konstanze, doch auch das ist eine andere Geschichte.
Offensichtlich kommt es zu einem kleinen Schlagabtausch
zwischen Mozart und dem Abbé Vogler (1749-1814), Hof-
kaplan, geistlicher Rat und Kapellmeister am Mannheimer
Hof. Dieser von seinen Zeitgenossen geschätzte Mann war
mehr Wissenschaftler als Musiker; vermutlich sah er in Mo-
zart einen Rivalen, der seine Stellung bei Hof schwächen
könnte.

Mannheim, 17. Januar 1778

[...] der h: Vogler hat halt absoulument mit mir
recht bekannt werden wollen. was er mich schon oft
geplagt hat zu ihm zu kommen, das ist nicht zu beschreiben; Endlich hat er doch seinen hochmuth be-
siegt, und hat mir die erste visite gemacht; überhaupts
sagen mir die leute dass er izt ganz anderst sey, weil er
dermalen nicht mehr so bewundert wird; denn die leute haben ihn in anfang zu einen abgott gemacht. ich
gieng also mit ihm gleich hinauf; da kammen so nach
und nach die gäste, und wurd nichts als geschwäzt.
nachtisch aber liesse er 2 Clavier von ihm holen, welche zusammenstimmen, und auch seine gestochene
langweilige Sonaten. ich muste sie spielen, und er ac-
compagnirte mir auf den andern clavier dazu. ich
muste, auf sein dringendes bitten auch meine Sonaten
holen lassen. NB: vor dem Tisch hat er mein Concert
[KV 246], welches die Mad^selle vom haus spiellt, und
welches das von der litzau ist, Prima vista – herabge-
hudelt. das erste stuck gieng *Prestißimo* das Andante
allegro und das Rondeau, wahrlich *Prestißißimo.* den
Baß spielte er meistens anderst als es stund, und

bisweilen machte er ganz eine andere Harmonie und auch Melodie. es ist auch nicht anderst möglich, in der geschwindickeit. die augen können es nicht sehen, und die hände nicht greifen. ja was ist den das? – – so ein Prima vista spiellen, und scheissen ist bey mir einerley. die zuhörer (ich meyne diejenigen, die würdig sind, so genannt zu werden) können nichts sagen, als daß sie Musique und Clavier spielen – gesehen haben. sie hören, dencken – und empfinden so wenig dabey – als *er*. sie können sich leicht vorstellen, das es nicht zum aus=stehen war, weil ich es nicht gerathen konnte ihm zu sagen. *viell zu geschwind*. übrigens ist es auch viell leichter eine sache geschwind, als langsam zu spiellen. man kann in Pasagen etliche Noten in stich lassen, ohne das es jemand merckt; ist es aber schön? – – man kann in der geschwindigkeit mit der rechten und lincken hand verändern, ohne das es jemand sieht und hört: ist es aber schön? – – und in was besteht die kunst, Prima vista zu lesen? in diesem: das stück im rechten tempo wie es seyn soll zu spiellen. alle noten, Vorschläg Etc: mit der gehörigen expreßion und gusto, wie es steht auszudrücken, so, das man glaubt, derjenige hätte es selbst Componirt, der es spiellt. [...][4]

Die Reise von Mutter und Sohn hat sich selbst zu finanzieren – dazu schaut Vater Leopold:

Salzburg, 12. Februar 1778

[...] Gleich bey Erhaltung dieses Schreiben will ich, daß ihr mir schreibt, *wieviel ihr Geld in Händen habt*. ich hoffe, daß du auf die 200 f sicher rechnen kannst. Ich erstaunte da du schriebst du wolltest nun ganz

Commot die Musik für Mr. De Jean zu Ende bringen. –
und diese hast du noch nicht geliefert?[5]

*Noch bevor Mozart diesen Brief erhalten hat, erklärt er, wes-
halb dieser Auftrag des Arztes Ferdinand Dejean, der bei
ihm Musik für Flöte bestellt hat, noch nicht erfüllt ist. Dabei
erfahren wir einiges über Mozarts Arbeitshaltung.*

Mannheim, 14. Februar 1778

[...] der H: de jean der auch morgen nach Paris reist,
hat, weil ich ihm nicht mehr als 2 Concerti[a] und 3 quar-
tetti fertig gemacht habe, mir nur 96 fl: (er hat sich um
4 fl:, daß es die hälfte wären, verstossen) gegeben. er
muß mich aber ganz zahlen, denn ich habe es mit dem
Wendling schon abgemacht, ich werde das übrige nach
schicken.

daß ich es nicht hab fertig machen können, ist ganz
natürlich. ich habe hier keine ruhige stund. ich kann
nichts schreiben, als nachts; mithin kann ich auch nicht
früh aufstehen. zu allen zeiten ist man auch nicht auf-
gelegt zum arbeiten. hinschmieren könnte ich freylich
den ganzen Tag fort; aber so eine sach kommt in die
welt hinaus, und da will ich halt daß ich mich nicht
schämen darf, wenn mein Namm drauf steht. dann bin
ich auch, wie sie wissen, gleich stuff[b], wenn ich immer
für ein instrument (das ich nicht leiden kann) schreiben
soll. mithin habe ich zu zeiten um abzuwechseln was

---

[a] Die beiden Flötenkonzerte KV 313 und 314 (das letztere ist
wohl das weiter unten genannte Oboenkonzert „für den ferlendi", das Mozart in der Eile um einen Ton hinauftranspo-
nierte und Herrn Dejean als Flötenkonzert mitgab) sowie
die drei Flöten-Quartette KV 285, 285a und 285b.

[b] widerwillig

anders gemacht, als[a] Clavier duetti mit violin, und auch etwas an der Messe. iezt seze ich mich aber in allen ernst über die Clavier duetten, damit ich sie stechen lassen kann; wenn nur der Churfürst hier wäre, so machete ich geschwind die Messe aus. was aber nicht ist, das ist nicht. [...]

gestern war eine Accademie beym Cannabich[b]. da ist, bis auf die erste simphonie vom Cannabich, alles von mir gewesen. die Rosl[c] hat mein Concert ex B [KV 238] gespiellt, dann hat der H: Ramm (zur abwechslung) fürs 5:[te] mahl mein oboe Concert für den ferlendi gespiellt, welches hier einen großen lärm macht. es ist auch izt des H: Ramm sein Cheval de Bataille. hernach hat die Madselle weberin[d] die aria di bravura von der deamicis ganz fortreflich gesungen. dann habe ich mein altes Concert ex D [KV 175] gespiellt, weil es hier recht wohl gefällt. denn habe ich eine halbe stund Phantasirt, und hernach hat die Mad:sel weber die aria, Parto, m'affretto, von der de amicis gesungen, mit allem applauso. zum schluß dann war meine Sinfonia vom Re Pastore. [...] ich hoffe es wird alles recht gehen. ich habe mein vertrauen zu gott, der wird uns nicht verlassen. Nun leben sie recht wohl, und vergessen sie nicht auf meine bitten und Reccomandationen. ich küsse ihnen 100 000mahl die hände und bin dero gehorsamster sohn   Wolfgang gottlieb Mozart[6]

---

[a] nämlich
[b] Christian Cannabich (1731-1798), „maestro de' concerti" in Mannheim und ein getreuer künstlerischer und persönlicher Freund Mozarts.
[c] Cannabichs dreizehnjährige Tochter, der Mozart Unterricht erteilte; s. a. unten S. 147f.
[d] Aloysia Weber

24

Vier Jahre später. Mozart ist mittlerweile seit einem Jahr freischaffender Musiker in Wien, und diese ersten Wiener Jahre gehören zu den erfolgreichsten in seinem Leben. Erfolg hat er auch mit dem schon in Mannheim genannten Konzert D-Dur KV 175 sowie dem nachkomponierten Schlusssatz, dem Rondo KV 382. Es fällt auf, wie oft dieses Konzert und auch die Arien, welche Aloysia Weber – jetzt verheiratete Lange und ebenfalls in Wien ansässig – schon in Mannheim gesungen hatte, noch immer auf dem Programm stehen.

Mozart an seinen Vater, Wien, 23. März 1782

[...] zugleich überschicke ich ihnen auch *das lezte* [Rondo KV 382] – welches ich zu dem Concert *ex D* [KV 175] gemacht habe, und welches hier so grossen lärm macht. – dabey bitte ich sie aber es wie ein *kleinod* zu verwahren – und es keinen Menschen – auch dem Marchand und seiner Schwester[a] nicht zu spiellen zu geben. – und kein Mensch als meine liebe schwester darf es mir nachspiellen. [...] Meiner lieben schwester schicke ich 2 Hauben nach der Neuesten Wienner Mod; – beyde sind eine Arbeit von den Händen meiner lieben konstanze! – sie empfehlt sich ihnen gehorsamst, und küsst ihnen die hände, und meine schwester umarmet sie auf das freundschaftlichste, und bittet um vergebung wenn die Hauben nicht zum allerbesten ausgefallen sind. – die zeit war zu kurz. – Die haubenschachtel bitte ich mit dem nächsten Postwagen zurück zu schicken, denn ich habe sie gelehnt. – damit aber die arme Närrin nicht so allein reisen darf, so haben sie die

[a] Die 14-jährige Margarethe und der 13-jährige Marchand waren beide Kostzöglinge bei Leopold Mozart, von dem sie auch Unterricht in Violine, Klavier und Komposition erhielten.

güte und legen das Rondeaux [KV 382] (nachdemm sie es haben abschreiben lassen) wieder hinein [...][7]

Wiener Zeitung, 15. Januar 1783

Musikalische Nachricht

Herr Kapellmeister Mozart macht hiemit dem hochansehnlichen Publikum die Herausgabe drey neuer erst verfertigter Klavierconzerten [KV 413-15] bekannt. Diese 3 Conzerten, welche man sowohl bey grossem Orchestre mit blasenden Instrumenten, als auch nur a quattro, nämlich mit 2 Violinen, 1 Viole, und Violoncello aufführen kann, werden erst Anfangs Aprils d. J. zum Vorschein kommen, und nämlich nur denjenigen (schön copirter, und von ihm selbst übersehen) zu Theile werden, die sich darauf subscribirt haben. Es dienet hiemit zur fernern Nachricht, daß bey ihm vom 20. dieß Monats angerechnet, bis letzten März, Subscriptionsbillets gegen 4 Ducaten[a] zu haben sind. Seine Wohnung ist auf der hohen Brücke im klein Herbersteinischen Haus Nr. 437 im dritten Stock.[8]

Mozart an seinen Vater, Wien, 22. Januar 1783

Wegen der 3 Concerten [KV 413-15] därfen Sie keine Sorge haben, daß sie zu theuer sind; – ich glaube daß ich doch für jedes concerten einen duckaten verdiene – und dann – möchte ich wohl sehen, wie es sich einer um einen duckaten Copiren lassen wollte! – abgeschrieben können sie nicht werden, weil ich sie eher nicht hergebe, bis ich nicht eine gewisse anzahl abonnenten habe; – sie Stehen nun schon zum 3:t male in

[a] 18 Gulden.

Wienner Diarium[a] – bey mir sind Subscriptions billets seit dem 20:ᵗ dieses zu haben – gegen baare 4 duckaten – und wehrend den Monath aprile werden die Concerten gegen zurückgebung der Billets bey mir abgehollet; –

die Cadenzen und Eingänge werde meiner lieben schwester mit nächstem schicken; – ich habe die Eingänge in Rondeau [KV 382] noch nicht verändert, denn wenn ich dieses Concert [KV 175] spielle, so mache ich allzeit, was mir einfällt; – [...][9]

Wien, 12. März 1783

Gestern hat meine Schwägerin Lange[b] ihre academie im theater gehalten, worinn ich auch ein Concert [KV 175] gespielt habe. – das theater war sehr voll; und ich wurde auf eine so schöne art von dem hiesigen Publicum wieder empfangen, daß ich ein wahres vergnügen darüber haben muß. – ich war schon weg. – man hörte aber nicht auf zu klatschen – und ich musste das Rondeau [KV 382] repetiren; – es war ein ordentlicher Plazregen. – das ist eine gute ankündigung für meine academie, welche ich sonntags den 23:ᵗ März geben werde.[10]

Auch im Konzert tauchen jetzt – noch immer an der Seite der bisherigen – die neuen Werke KV 413-15 auf; ein erster Entwicklungssprung, bevor es dann ab 1784 zu den ‚grossen' Konzerten kommt.[c]

---

[a] Damit ist die oben wiedergegebene Anzeige in der Wiener Zeitung gemeint.
[b] S. oben S. 25.
[c] S. dazu unten S. 109 mit einer weiteren Briefstelle.

Wien, 29. März 1783

Ich glaube es wird nicht nöthig seyn ihnen viel von dem erfolg meiner academie zu schreiben, sie werden es vielleicht schon gehört haben. genug; das theater hätte ohnmöglich völler seyn können, und alle logen waren besezt. – das liebste aber war mir, daß seine Mayestätt der kayser auch zugegen war, und wie vergnügt er war, und was für lauten beyfall er mir gegeben; – es ist schon bey ihm gewöhnlich daß er das geld bevor er ins theater kömmt, zur Caßa schickt, sonst hätte ich mir mit allem recht mehr versprechen därfen, denn seine zufriedenheit war ohne gränzen; – er hat 25 duccaten geschickt. – die Stücke waren folgende. I: die Neue Hafner Simphonie. 2:t sang Mad:me Lange die aria auf 4 instrumenten aus meiner Münchner oper [*Idomeneo*]. *se il padre perdei:* – 3:t spielte ich das 3:te von meinen Souscriptions=Concerten. [KV 415] 4:t sang Adamberger die scene für die Baumgarten. 5:t die kleine Concertant=Simphonie von meiner lezten final Musique. – 6:t spielte ich das hier beliebte Concert ex D [KV 175]. wozu ich das variazion Rondeau [KV 382] geschickt habe. 7:t sang Mad:elle täuber die Scene aus meiner lezten mailand opera. *Parto, m'affretto:* – 8:t spielte ich alleine eine kleine fuge. (weil der kayser da war) und varierte eine aria aus einer opera genannt. die Philosophen. – musste nochmal spielen. varierte die aria *unser dummer Pöbel meint* etc. aus denn Pilgrimme von Mecka. 9:t sang die lange das Neue Rondeau von mir. 10. das lezte Stück von der ersten Simphonie.

Morgen giebt Mad:selle Täuber academie, worinn ich auch spielen werde.[11]

28

Mozart an Mr. Sieber, Editeur de Musique in Paris,
Wien, 26. April 1783

Monsieur !

Es sind nun bereits 2 Jahre daß ich in Wienn bin ; –
sie werden vermuthlich wissen von meinen Sonaten
auf Pianoforte mit begleitung einer violin, welche ich
hier bey Artaria und Compagnie habe Stechen lassen; –
da ich aber mit dem hiesige Stiche nicht allzusehr zufrieden bin, und wenn ich es auch wäre, Meinem
LandsManne in Paris auch einmal wieder möchte etwas zukommen lassen, so mache ich ihnen hiemit zu
wissen daß ich 3 Clavier=Concerte [KV 413-415] fertig
habe, welche mit ganzem orchester als mit oboen und
Horn – wie auch nur *à quatro* können Producirt werden; – Artaria will sie Stechen. allein sie, mein freund,
haben den vorzug; – ich will ihnen also, um alle Weit-
läufigkeit zu vermeiden, den geringsten Preis sagen; –
sie geben mir 30 Louisd'or[a] dafür, und damit ist unser
handel gemacht. [...][12]

*Wohl aufgrund der Anzeige in der Wiener Zeitung (s. oben,
S. 26) bestellt der fürstliche Hof von Donaueschingen durch
seinen Kammerdiener Sebastian Winter die drei Konzerte
KV 413-15 bei Leopold Mozart. Und dabei passiert Folgendes:*

Leopold Mozart an Sebastian Winter, Donaueschingen,
Salzburg, 3. April 1784

Liebster H: Winter –

Schreibe in Eyle und schicke die 4[b] Concerten, die,

---

[a] 330 Gulden.
[b] drei

wie geschrieben habe, die letzten sind pr *4 duggatten.*
[...][13]

Leopold Mozart an Sebastian Winter, Donaueschingen,
Salzburg, 22. April 1784

Liebster H: Winter

Ihr Brief vom 17ten dies hat mich in nicht geringe
verlegenheit gesetzt, da ich bereits den 3ten Nachmittag
die 3 Concerten in Waxleinwat eingewickelt dem Postwagen übergeben habe, der *den 4ten morgens um 8 uhr
hier abgegangen ist*, folglich, da, als sie schrieben, es 14ten
täge schon waren, und die Concerten längst in Donau-
öschingen seyn sollten. Die Adreße war darauf: *An H:
Sebastian Winter Cammerdiener Sr Durch: &c: in Donaueschingen.* – Sollte das paget unterdessen nicht ange-
langt seyn, so bitte durch den Posthalter scharfe nach-
frage und Untersuchung halten zu lassen, so, wie ich es
hier und in München thun werde, unterdessen hoffe,
*daß sie mich bald durch eine Nachricht aus der verlegenheit
reissen werden.* So viel in Eyle. Wir empfehlen uns S[r]
Durchläucht und bin allezeit

dero ergebenster Mozart[14]

*Die Konzerte sind dann aber doch noch angekommen und
mit 20 Gulden sowie einem Geschenk für Wolfgang in Wien
honoriert worden.*

*Das Jahr 1784 – einer der Höhepunkte in Mozarts Schaf-
fen – bringt den zweiten Sprung in der Entwicklung der
Klavierkonzerte.[a] Was im folgenden Brief jedoch vor allem
zur Sprache kommt, und das nicht zum erstenmal[b], ist das*

---

[a] S. dazu unten S. 110ff.
[b] S. oben S. 25.

*Copyright – ein Begriff der zu Mozarts Zeit so wenig exis-
tiert, wie die Sache selbst. Ein Komponist hat sich selbst zu
schützen, damit ihm seine Werke nicht gestohlen werden.*

Mozart an seinen Vater, Wien, 15. Mai 1784

Ich habe heute dem Postwagen die Sinfonie so ich
in Linz dem alten Graf Thun gemacht habe, sammt 4
Concerten mitgegeben; – wegen der Sinfonie bin ich
nicht heiklich, allein die 4 Concerte bitte ich bei sich im
hause abschreiben lassen denn es ist den kopisten in
Salzburg so wenig zu trauen als den in Wienn; – ich
weis ganz zuverlässig, daß Hofstetter des Haydn Musique dopelt copiert – ich habe seine Neuesten 3 Sinfonien *wirklich*. – da nun diese Neue Concerten die ex B
und D [KV 450 und 451] niemand als *ich* – die ex E♭
und G [KV 449 und 453] niemand als *ich* und frl. von
Ployer (für welche sie geschrieben worden) besitzt, so
können sie nicht anderst als durch solche Betrug in andere Hände kommen; – ich selbst lasse alles in meinem
zimmer und in meiner gegenwart abschreiben; – dem
Menzl[a] habe die Musique (nach meiner Überlegung)
nicht anvertrauen wollen; – ferners glaubte ich und
glaube noch, daß sie[b] wenig gebrauch davon werden
machen können, indemme bis auf das Concert ex E♭
(welches à quattro ohne blasinstrumenten gemacht
werden kann) die übrigen 3 ganz mit blasinstrumenten
obligirt sind, und sie selten dergleichen Musique machen. [...][15]

---

[a] Der Geiger Zeno Franz Menzel war ein Altergenosse Mo-
    zarts; er hielt sich im Sommer 1784 in Salzburg auf, weil er
    sich dort für eine Stelle bei Hof interessierte.
[b] Gemeint ist Leopold.

Wien, 26. Mai 1784

Ich habe nun durch ihr leztes die Nachricht daß sie meinen Brief [vom 15. Mai] und Musique richtig erhalten haben. – Meiner Schwester danke ich für ihren Brief, und so bald es die Zeit zulassen wird, werde ich ihr gewiss auch schreiben: – unterdessen lasse ich ihr sagen, daß h: Richter in dem tone des Concerts irre geworden, oder ich in ihrem brief einen unrechten Buchstaben lese. – Das Concert welches ihr herr Richter so anrühmte ist das ex *B* [KV 450]. – welches das Erste ist so ich gemacht, und er mir damals schon so lobte. – ich bin nicht im Stande unter diesen beyden Concerten eine Wahl zu treffen – ich halte sie beyde für Concerten, welche schwizen machen. – Doch hat in der schwürrigkeit das ex B den Vorzug von dem ex D [KV 451]. übrigens bin ich sehr begierig welches unter den 3 concerten ex B. D. und g. [KV 453] ihnen und meiner schwester am besten gefällt; – Das ex E♭ [KV 449] gehört gar nicht dazu. – Das ist ein Concert von ganz besonderer art, und mehr für ein kleines als grosses Orchestre geschrieben – also ist die rede nur von den 3 grossen Concerten. – ich bin begierig ob ihr urtheil mit dem hiesigen *allgemeinen* und auch *meinen* urtheil überein kömmt, freylich ist es nöthig daß man sie alle 3 mit allen Stimmen und gut Producirt hört. – Ich will gerne gedult haben, bis ich sie wieder zurückerhalte – nur daß sie kein Mensch in die hände bekömmt. – ich hätte erst heute für eines davon 24 Duckaten haben können; – ich finde aber, daß es mir mehr Nutzen schafft wenn ich sie noch ein paar Jährchen bey mir behalte, und dann erst durch den Stich bekannt mache. [...][16]

Die Popularität von Mozarts Themen setzt sich sogar bis zu den Tieren fort – sein Star pfeift ihm das Finalthema von KV 453 vor.

Aus Mozarts Ausgabenbuch, 27. Mai 1784
    Vogel Stahrl 34 Kr[euzer].

    Das war schön![17]

Zu den grossen Konzerten gibt es kaum mehr Äusserungen Mozarts – immer wieder entschuldigt er sich, er habe keine Zeit zum Schreiben. Doch Vater Leopold führt nunmehr eine rege Korrespondenz auch mit Mozarts Schwester Nannerl – sie hat nämlich mittlerweile geheiratet und ist von Salzburg weggezogen. In diesen Briefen erzählt er ihr immer bis in die Einzelheiten Neuigkeiten von ihrem Bruder; vor allem als Leopold in Wien zu Besuch weilt.

Leopold Mozart an seine Tochter Nannerl,
Wien, 16. Februar 1785
    [...] daß dein Bruder ein schönes quartier mit *aller zum Hauß gehörigen Auszierung* hat mögt ihr daraus schlüssen, weil er 480 fl Hauszünß zahlt. [...] Freytag abends fuhren wir um 6 uhr in sein erstes subscriptions Concert, wo eine große versamlung von Menschen von Rang war. iede Person zahlt für die 6 Fastenconcert einen Souvrin d'or oder 3 Dugatten. Es ist auf der Mehlgrube, er zahlt für den Saal iedesmal nur *einen halben Souvrin d'or.* Das Concert war unvergleichlich, das Orchester vortrefflich, außer den Synfonien sang eine Sängerin vom welschen Theater 2 Arien. dan war ein *neues vortreffliches Clavier Concert vom Wolfgang*

[KV 466], wo der Copist, da wir ankamen noch daran abschrieb, und dein Bruder das Rondeau noch nicht einmahl durchzuspielen Zeit hatte, weil er die Copiatur übersehen mußte. Daß nun da viele bekannte angetroffen, und mir alles zulief, kannst dir leicht vorstellen: bey anderen aber wurde aufgeführt. am Samstag war abends H: *Joseph Haydn* und die 2 Baron Tindi bey uns, es wurden die neuen quartetten gemacht, aber nur *die 3 neuen* die er zu den anderen 3, die wir haben, gemacht hat, sie sind zwar ein bischen leichter, aber vortrefflich componiert: H: Haydn sagte mir: *ich sage ihnen vor gott, als ein ehrlicher Mann, ihr Sohn ist der größte Componist, den ich Person und dem Nahmen nach kenne: er hat geschmack, und über das die größte Compositionswissenschaft.* am Sontag abend war im Theater die accademie der ital: Sängerin Laschi, die izt nach Italien reiset. Sie sang 2 Arien, es war ein Violoncello Concert, ein Tenor und Baß sangen ieder eine Aria *und dein Bruder spielte ein herrliches Concert, das er für die Paradis nach Paris gemacht hatte*[a]. Ich war hinten nur 2 Logen von der recht schönen würtemb: Prinzessin neben ihr entfernt und hatte das vergnügen alle Abwechslungen der Instrumente so vortrefflich zu hören, daß mir vor Vergnügen die thränen in den augen standen.

als dein Bruder weg gieng, machte ihm der kayser mit dem Hut in der Hand ein Compl: hinab und schrie *bravo Mozart.* – als er herauskam zum spielen, wurde ihm ohnehin zugeklatscht. [...] Gestern den 15ten war

[a] KV 456. Maria Theresia von Paradis (1759-1824), blinde Pianistin, Komponistin und Sängerin. Sie war von Sommer 1783 bis 1786 auf einer grossen Tournee durch ganz Europa; im Sommerhalbjahr 1784 weilte sie in Paris.

wieder ein Concert im theater für ein Mädl die charmant singt, dein Bruder spielte das große neue Concert ex D. [KV 466] Magnifique etc: heut gehen wir in eine Haus accademie zum Salzb: agenten *v Plöyer* – [...]¹⁸

Mozart an Sebastian Winter, Donaueschingen,
Wien, 30. September 1786
    liebster Freund! –
    Morgen geht mit dem Postwagen die verlangte Musique von hier ab, – den betrag der Copie werden sie zu ende des Briefes finden. – es ist ganz natürlich daß einige Stücke von mir ins ausland versendet werden – das sind aber Stücke, welche ich geflissentlich in die Welt kommen lasse – und habe ihnen die themata davon nur geschickt, weil es doch möglich wäre, daß sie nicht dahin gelanget wären. die Stücke aber die ich für mich, oder für einen kleinen zirkel liebhaber und kenner (mit dem versprechen sie *nicht* aus händen zu geben) zurückbehalte, können ohnmöglich auswärtig bekannt seyn, weil sie es selbst hier nicht sind; – so ist es mit den 3 Concerten [KV 451, 459 und 488] so ich die Ehre habe S[eine] D[urchlaucht] zu schicken; ich war diesfalls bemüssiget über den betrag der Copie annoch ein kleines honorarium von 6 ducaten für Jedes Concert anzusetzen, wobey ich doch noch seine D: sehr bitten muss, gedachte Concerten nicht aus handen zu geben. – bey dem Concert *ex A* [KV 488] sind 2 clarinetti. – sollten sie selbe an ihrem Hofe nicht besitzen, so soll sie ein geschickter Copist in den gehörigen ton übersetzenᵃ; wodann die erste mit einer violin, und die zwote mir einer bratsche soll gespiellt werden. [...]

ᵃ transponieren

35

	fl:	x:
3 Concerte, ohne clavierStimme.		
109 bögen. *zu 8 xer:*	14	32
die 3 clavierStimmen.		
33 und ½ bogen. zu 10 x[er]: ————	5	35
honorarium für die 3 Concerte		
18 ducaten. zu 4 fl: 30 x———————	81	–
die 3 Sinfonien		
116 und ½ bogen zu 8 x:er———————	15	32
Mauth und *Porto* ———————————	3	–
Summa:	*119 fl:*	*39 x:*[19]

Nannerl erhält in der Regel die Klavierstimmen der Konzerte, damit sie sie für ihren eigenen Gebrauch abschreiben (lassen) kann, – und einen Kommentar von Leopold, hier zum d-Moll-Konzert (KV 466):

Salzburg, 4. Januar 1786

[...] Hier schicke 1 *Concert.* das adagio ist ein *Romance*, das *Tempo* wird in der *geschwindigkeit* genommen, so *geschwind* man den Lermen mit den geschwinden Treyerl[a] herausbringen kann, die gleich auf der 3ten Seite des Romance vorkommen[b]. Eben so muß man das

---

[a] Triolen
[b] Gemeint ist der Mittelteil, von dem Alfred Einstein sagt, dass hier die Furien des ersten Satzes wieder auffahren; *Einstein*, S. 296.

erste Allegro nach den *geschwinden Passagen* im Tempo nehmen. [...][20]

23. März 1786

[...] Gestern war abermahl die gewöhnliche Accademie. *Marchand*[a] spielte das Concert *ex D* mit der *terzminor* [KV 466], das dir letzhin hinnausgeschickt habe; da du die Clavier=Party hast, so spielte ers aus der Spart[b] und Haydn[c] wendete ihm die blätter um, und hatte dabey das Vergnügen die künstliche Composition und Verwebung, auch die Schwürigkeit des Concerts einzusehen. ich wehlte dieses Concert, weil von den andern die Clavierstimmen bey dir sind, und von diesem die Spart noch in handen habe und es also machen konnte; Vormittag wurde es probiert, und das *Rondo* 3 mahl gemacht, bis es das orchestre recht zusamm traff, weil ers zimmlich geschwind spielte. [...][21]

Das Es-Dur-Konzert KV 482 kommt Leopold ungewöhnlich vor, und er merkt dazu an:

14. Januar 1786

[...] Das neue Concert ist freylich erstaunlich schwer. ich zweifle aber ob etwas gefehlt ist, denn der Copist hat es durchgesehen. manche Passagen mögen nicht recht stimmen, wenn man nicht die ganze Harmonie der Instrumenten hört: – doch ists auch nicht ohnmöglich, daß der Copist etwa ein ♮ für ein ♭ in der Spart angesehen oder so was dergleichen, denn kanns

[a] S. oben S. 25.
[b] Partitur
[c] Michael Haydn (1737-1806), Joseph Haydns jüngerer Bruder, war zu der Zeit Domorganist in Salzburg.

freilich nicht gehen. Es wird sich schon zeigen, wenn ich es sehe. [...]²²

1790 geht Mozart noch einmal auf Reisen, zur Krönung Kaiser Leopolds II. nach Frankfurt. Dort gibt er am 15. Oktober ein Konzert, bei dem unter anderem die Klavierkonzerte F-Dur KV 459 und D-Dur KV 537 auf dem Programm stehen, die seither beide, vor allem aber das in D-Dur mit dem Zusatz „Krönungskonzert" versehen worden sind. Die Reihenfolge ist nicht bekannt. Graf Ludwig von Bentheim-Steinfurt notiert an diesem Tag in sein Reisetagebuch:

Freitag, 15. Oktober 1790

Morgens um 11 gab es im Saal des Stadtschauspielhauses ein grosses *Konzert von Mozart*. Man begann mit dieser schönen 1) *Sinfonie*, die ich schon längst von Mozart besitze, 2), dann eine süperbe italienische Szene „Non so di chi", welche Madame *Schick* mit unendlichem Ausdruck sang, 3), *Mozart* spielte *ein Konzert* von seiner Komposition, das *von einer Anmut und Lieblichkeit sondergleichen* war, er hatte ein Fortepiano von Stein in Augsburgᵃ, das in seiner Art hervorragend ist und 90 bis 100 Dukaten kostet. Es gehörte der Frau Baronin von Frentz. Mozarts Spiel gleicht ein wenig demjenigen des verstorbenen *Klöfflerᵇ*, bloss unendlich vollendeter. Herr Mozart ist ein kleiner Mann von recht angenehmen Aussehen. Er trug ein reich besticktes Gewand aus kastanienbraunem Satin; er ist am Hof des

---

ᵃ S. oben, S. 19.
ᵇ Johann Friedrich Klöffler (1725-1790), Komponist und Dirigent, hatte in den 50er-Jahren das Hoforchester der Grafen von Bentheim gegründet und war seither deren Musikdirektor gewesen.

Kaisers angestellt. [...] *Im zweiten Teil* Nr. 5 noch ein Konzert von Mozart, das mich aber nicht so befriedigte wie das erste. [...] 7). *Eine Phantasie* ohne Noten von *Mozart,* ganz charmant, *in welcher er unendlich brillierte und die ganze Kraft seines Talents entfaltete.* 8). Die letzte Sinfonie wurde nicht mehr gegeben, denn es war schon beinahe zwei Uhr und jedermann seufzte nach dem Mittagessen. [...]²³

Als Abschluss dieses Kapitels sei ein Bericht der „Prager Neuen Zeitung" über ein Konzert wiedergegeben, das am 7. Februar 1794 zu Mozarts Andenken gegeben wurde; darin wird noch einmal an die Popularität erinnert, die Mozart und seine Musik gerade in dieser Stadt genossen haben.

Der Akademiesaal war stark beleuchtet. Im Hintergrund desselben über dem Orchester flammte Mozarts Name in einer Art von Tempel, zu dessen beiden Seiten zwei Pyramiden mit den Inschriften „Dankbarkeit und Vergnügen" transparent illuminiert standen. Man wählte für diesen Abend die besten Stücke von Mozart. Den Eingang machte eine Sinfonie in C, dann spielte Hr. Wittassek, ein sehr hoffnungsvoller junger Böhme, das prächtigste Concert von Mozart in D-Moll [KV 466] auf dem Fortepiano mit ebenso viel Präcision als Gefühl. Darauf sang Böhmens beliebte Sängerin Frau Duschek das himmlische Rondo der Vitellia aus der opera seria „la clemenza di Tito" von Mozart. Ihre Kunst ist allgemein bekannt; hier begeisterte sie noch die Liebe für den großen Todten und seine gegenwärtige Fr. Witwe, deren warme Freundin sie immer gewesen ist. Den Beschluß machte eine der besten Sinfonien, die es gibt, in D-Dur [*Prager*] von Mozart. Die Musik ging sehr gut, obgleich es kritische und meist concertirende Stücke waren: denn es exequirte das Prager Orchester und sie sind von Mozart! Man kann sich vorstellen, wenn man Prags Kunstgefühl und Liebe für Mozart'sche Musik kennt, wie voll der Saal gewesen ist. Mozarts Witwe und Sohn zerflossen in Thränen der Erinnerung an ihren Verlust und des Dankes gegen eine edle Nation. So wurde dieser Abend auf eine schöne Art der Huldigung des Verdienstes und Genies geweiht; es war ein genußreiches Fest für gefühlvolle Herzen – und ein kleiner Zoll für das unnennbare Entzücken, das uns oft Mozarts himmlische Töne entlockten. Von manchem edlen Auge floß eine stille Thräne um den geliebten Mann! Mozart scheint für Böhmen geschrieben zu haben, nirgends verstand und exequirte man besser seine Musik als in Prag, und selbst auf dem Lande ist sie allgemein beliebt ... so viel Herzen gewann sich Mozarts hoher Genius.[24]

[1] *Dokumente,* S. 149.
[2] *Briefe* II, S. 78.
[3] Ebda., S. 81ff.
[4] Ebda., S. 227f.
[5] Ebda., S. 278.
[6] Ebda., S. 281f.
[7] *Briefe* III, S. 199.
[8] *Dokumente,* S. 187f.
[9] *Briefe* III, S. 251.
[10] Ebda., S. 259.
[11] Ebda., S. 261f.
[12] Ebda., S. 266.
[13] Ebda., S. 308.
[14] Ebda., S. 311.
[15] Ebda., S. 313f.
[16] Ebda., S. 314f.
[17] Ebda., S. 317.
[18] Ebda., S. 372ff.
[19] Ebda., S. 589f.
[20] Ebda., S. 483.
[21] Ebda., S. 518f.
[22] Ebda., S. 490.
[23] *Dokumente,* S. 329f.
Aus dem Französischen von A. Wernli.
[24] Ebda., S. 411.

Das 19. Jahrhundert

Heinrich Christoph Koch

„Concert"

Heinrich Christoph Koch (1749-1816) war Geiger und Musiktheoretiker. Seine beiden Hauptwerke sind die wichtigsten ihrer Art in der Klassik: „Versuch eine Anleitung zur Composition" (1782-93) und „Musikalisches Lexikon, welches die theoretische und praktische Tonkunst, encyclopädisch bearbeitet, alle alten und neuen Kunstwörter erklärt, und die alten und neuen Instrumente beschrieben enthält" (Frankfurt a.M. 1802). Aus diesem Lexikon stammt der folgende Artikel. Nachdem Koch in einer farbigen Sprache gegen das Virtuosenkonzert polemisiert und ihnen Mozarts Konzerte als Muster gegenüberstellt, geht er auch auf formale Aspekte ein. Aufschlussreich ist auch sein Hinweis auf die Arie.[a]

Concert. Dieses Wort hat zwey verschiedene Bedeutungen;

1) verstehet man darunter eine vollstimmige Musik, die entweder ein Regent zu seiner und seines Hofes Unterhaltung von seiner Kapelle aufführen läßt, oder die man für das Publikum veranstaltet, so daß jeder Liebhaber der Kunst mit gleichem Rechte, gegen Erlegung eines bestimmten Einlaß-Geldes daran Antheil nehmen kann, und die von einer sich dazu besonders vereinigten Gesellschaft [durch] Tonkünstler oder Dilettanten aufgeführet wird. [...]

[a] S. dazu auch unten S. 119 und 128.

45

Mit dem Worte Concert wird 2) eine besondere Art der Tonstücke bezeichnet, die dazu geeignet sind, daß sich in denselben einzelne Tonkünstler auf ihren Instrumenten in Begleitung eines Orchesters hören lassen. Man theilt diese Art der Kunstprodukte in zwey Gattungen, und nennet diejenige, in welcher sich mehrere Instrumente verschiedener Art, bald wechselweis, bald vereint, zwischen den Sätzen des vollen Orchesters hören lassen, *Concerto grosso*; und von diesem soll in einem der folgenden Artikel besonders gehandelt werden. Die zweyte Gattung, in welcher ein Instrumentist die Hauptperioden des Tonstückes allein vorträgt, welche durch dazwischen eingerückte Ritornelle des ganzen Orchesters von einander abgesondert sind, wird ein *Kammerconcert* (Concerto di Camera) genannt. Zuweilen sind diese Hauptperioden auch für zwey zugleich concertirende Instrumente eingerichtet, und in diesem Falle nennet man das Tonstück ein *Doppelconcert*.

So wie die Instrumentalmusik überhaupt Nachahmung des Gesanges ist, so ist insbesondere das Concert eine Nachahmung des Sologesanges mit vollstimmiger Begleitung, oder mit anderen Worten, eine Nachahmung der Arie. Der Zweck der Arie sollte daher auch jederzeit den Zweck des Concertes bestimmen, das ist, der Concertspieler sollte eine bestimmte Empfindung nach seiner individuellen Empfindungsart ausdrücken. Statt dessen aber haben sich verschiedene zufällige Umstände vereint, dieses Tonstück leider sehr oft zu einem Produkte der Taschenspielerkunst, oder zu einer Jagd nach mechanischen Schwierigkeiten, zu erniedrigen, wobey der Wettstreit, oder das *Concertare*, wovon es den Namen erhalten hat, darauf angelegt zu seyn scheint, zu versuchen, welcher von den concertirenden Tonkünstlern mit unverrenkten Fingern oder unzersprengter Lunge davon komme. – – Der mit dem Vortrage einer Concertstimme verbundene Begriff „sich hören lassen", dem man unvermerkt einen falschen Sinn unterlegt hat; – der Beyfall des größern Haufens, der durch mechanische Fertigkeit leichter, als durch Rührung des Herzens zu erlangen ist; oder vielmehr der fatale Umstand, daß jedes Glied dieses Haufens, wenn es bloß auf Beurtheilung mechanischer Fertigkeit ankommt, sich als Kunstkenner behaupten kann, und eben deswegen so geneigt ist, dem Künstler, der die mehresten Kunstsprünge macht, den mehresten Beyfall zuzuklatschen, als wodurch auf Seiten der Concertspieler der Hang zu mechanischen Schwierigkeiten genährt wird; – solche, und dergleichen zufällige Umstände haben veranlaßt, daß mit dem Concertspielen seit geraumer Zeit viel Unfug getrieben wird, so daß dieser Mißbrauch sogar als ein Hinderniß an der allgemeinen Verbreitung des guten Geschmackes in der Musik betrachtet werden muß.

Concertspieler, die sich mechanische Fertigkeit zum einzigen und höchsten Ziele ihrer Laufbahn gestellt haben, begnügen sich gemeiniglich nicht an den Schwierigkeiten, die in den gangbaren Concerten für ihr Instrument enthalten sind; sondern man gehet, um den Nachtheil für die Kunst zu vollenden, noch einen Schritt weiter. Jeder bildet sich ein seiner Organisation besonders angemessenes Hokuspokus, und sucht es, ohne die dazu nöthigen melodischen und harmonischen Kenntnisse zu besitzen, an den Mann zu bringen;

getrost nimmt er seinen Brief; setzet sich, und schreibt flugs – ein halbes Dutzend Concertstimmen, die sodann ein verunglückter Tonsetzer ausflicken, und mit Ritornellen und Begleitung versehen muß. Nun jagen einander ganze Seiten voll Passagen, deren eine immer halsbrecherischer ist, als die andere; – nun geht es an ein abwechselndes Forteilen und Aufhalten im Zeitmaaße, daß die Begleiter oft nicht wissen, in welchem Takttheile sie ihren Führer suchen sollen, und sich genöthigt sehen, sich mit dem in der verbesserten Auflage des Musik-Catechismus enthaltenen Spruches trösten zu lassen, dass wahrer Ausdruck nicht immer innerhalb der Grenzen des Taktes liege, sondern oft bald mehr Feuer, bald mehr Mäßigung, im Vortrage verlange. – – So wird allmählich Taktlosigkeit zur Tagesordnung; Seiltänzerkunst wird zum Tongemälde; der Vortrag des Cantabile oder Adagio, woran ohnehin so viele scheitern, wird immer mehr vernachläßigt, u.s.w. – Und siehe da! der Geschmack der Zeit (von dem viele behaupten wollen, daß er zwar zarter, aber dabey sehr kränklicher Natur sey,) drückt, des Dinges gewohnt, in seinem Sorgenstuhle die Augen zu; läßt es sich, als ein guter Hausvater, der den Hausfrieden liebt, gefallen, wenn auch mit unter die Natur der Sache umgekehrt, und das Mittel zum Zwecke erhoben wird. – Um sich darüber den Ausbruch einer Erröthung zu ersparen, schilt er ein wenig auf die Vorfahren, die sich dieses Fehlers in Rücksicht auf den Gebrauch der Harmonie schuldig machten; murrt noch etwas zwischen den Zähnen durch, von Trockenheit älterer Kunstprodukte dieser Art, und beginnt mit dem Gedanken an den Splitter im Auge seines Vorfahren sein Mittagsschläfchen, ohne den Druck des Balkens in seinem Auge zu fühlen.

So grell auch die Farben dieses Gemäldes aufgetragen zu seyn scheinen, so sind es dennoch die wirklichen Lokalfarben, die an den natürlichen Gegenständen, von denen sie entlehnt sind, sogar durch einen Tressenmantel der christlichen Liebe durchschimmern. Kurz, es ist nicht zu verhehlen, wie sehr das seit geraumer Zeit so überhäufte Concertspielen, wenn es dabey bloß auf das Auskramen mechanischer Fertigkeit angelegt ist, der Tonkunst, und der allgemeinen Verbreitung des guten Geschmacks in derselben, nachtheilig wird. [...]

Ich habe schon anderswo bemerkt, daß ein gut gearbeitetes Concert, in welchem die Begleitung des ganzen Orchesters nicht bloß vorhanden ist, um die zwischen der Oberstimme und dem Basse befindlichen Intervallen der zum Grunde liegenden Akkorde anzuschlagen, einer leidenschaftlichen Unterhaltung des Concertspielers mit dem ihm begleitenden Orchester gleiche; diesem theilt der Concertspieler gleichsam seine Empfindungen mit; dieses winkt ihm durch kurze eingestreute Nachahmungen bald seinen Beyfall zu, bald bejahet es seinen Ausdruck, bald sucht es im Allegro seine freudigen Empfindungen noch mehr anzufachen; bald bedauert, bald tröstet es ihn in dem Adagio. Kurz, das Concert hat viele Aehnlichkeit mit der Tragödie der Alten, wo der Schauspieler seine Empfindungen nicht gegen das Parterre, sondern gegen den Chor äußerte, und dieser hingegen auf das genaueste in die Handlung verflochten, und zugleich berechtigt war, an dem Ausdrucke der Empfindung Antheil zu haben. Man vollende sich dieses scizzierte Gemälde und vergleiche damit *Mozarts* Meisterwerke in diesem Fache der Kunstprodukte, so hat man eine genaue Beschreibung der Eigenschaften eines guten Concertes.

Die Form dieses Tonstückes bestehet kürzlich[a] darinne, daß dem Vortrage der Solostimme ein Ritornell als Einleitung vorhergehet, in welchem der Zuhörer auf den Inhalt der Solostimme aufmerksam gemacht wird, und in welchem die melodischen Haupttheile des ganzen Satzes, jedoch gemeiniglich in einer andern und enger zusammengeschobenen Verbindung, vorgetragen werden, als es hernach in der Concertstimme geschieht. Mit diesen melodischen Haupttheilen sind gewöhnlich solche dazu passende Theile verbunden, die dem vollstimmigen Vortrage eines ganzen Orchesters entsprechen. Diese machen zusammen im Ritornelle eine ausgeführte Periode aus, die in ihrem Laufe eine oder zwey verwandte Tonarten berührt, und in dem Haupttone[b] geschlossen wird. Die Concertstimme fängt das erste Solo in der Haupttonart an, wendet sich aber zeitig nach der Tonart der Quinte (oder wenn eine weiche Tonart[c] zu Grunde liegt, nach der Tonart der Terz) hin, in welcher sie schließt. Mit der Schlußnote dieses ersten Solo beginnt das zweyte Ritornell, welches in eben dieser Tonart geschlossen wird. Das zweyte Solo hebt mit der Schlußnote dieses Ritornells an, und hat die Freyheit sich unter den übrigen verwandten Tonarten hinzuwenden, in welche es will; die letzte

[a] kurz gesagt
[b] Grundtonart des Satzes
[c] Moll

50

Hälfte desselben wird jedoch in der Haupttonart durchgeführt, in welcher die melodischen Haupttheile des ganzen Satzes kürzlich wiederholt werden. Nach der Finalcadenz desselben machen die begleitenden Instrumente noch ein kurzes Ritornell in der Grundtonart. – Ist das Adagio des Concertes eine Romanze, oder das letzte Allegro ein Rondo, so richtet es sich nach der besonderen Form dieser Tonstücke, die man in ihren besonderen Artikeln findet.

Hans Georg Nägeli

„Contrastirungskunst"

Der Zürcher Komponist, Musikverleger und –pädagoge
Hans Georg Nägeli (1773-1836) ist heute, wenn überhaupt,
dann vor allem durch seine Melodie zu „Freut euch des Le-
bens" und als Gründer des heutigen Zürcher Musikhauses
Hug bekannt. 1824 hält er in verschiedenen deutschen Städ-
ten seine „Vorlesungen über die Musik mit Berücksichti-
gung der Dilettanten"; darin widmet er auch Mozarts Kla-
vierkonzerten einen eigenen Abschnitt. In diesem führt er
Kochs Gedankengang insofern aus, als er das Besondere an
Mozarts Konzerten genau bezeichnet, aber auch deren Ver-
schwinden aus dem Konzertsaal feststellt. Gleichzeitig er-
scheint er als eigenständiger, aber auch eigenwilliger Autor.

[...] und mächtig eingreifend in die Kunstentwicklung
wirkte Mozarts Geist und Styl um so mehr, als in der
Blüthezeit seines Wirkens das Concertwesen allmäh-
lig zur allgemeinen europäischen Sitte wurde. Das
Kunstleben machte so einen Teil des öffentlichen Lebens aus. Die Öffentlichkeit war rückwirkend auf die
Künstler und Kunstschöpfer. Sie wurden vom Zeit-
geist, so zu sagen, herausgerufen. Sie traten hervor, traten in großen Versammlungen auf, sowohl mit ihrer
Person, als mit ihren Compositionen; und weil diese
Compositionen in großen Sälen producirt werden
mußten, so kamen vorzüglich Orchestercompositionen
an die Tagesordnung. War der Componist ein *Virtuose*,
der mit seiner Composition auch seine Kunstperson
produciren mochte, so erschien auch das Kunstwerk

dergestalt *individualisirt,* daß der Virtuose mit seiner Hauptparthie selbst mitten im Orchester noch vorherrschen, dasselbe überglänzen konnte. War der Komponist nicht Virtuose, so suchte er durch das sogenannte *assemblage,* den Zusammengebrauch der Instrumente, zu wirken. Auf diesem letztern Weg entstand die moderne *Sinfonie,* für deren Schöpfer bekanntlich *Haydn* angesehen wird; wobey jedoch bemerkt werden muß, daß derselbe mehr seinen Quartettstyl erweiternd auf's Orchester übergetragen, als einen wahrhaft symphonischen Styl geschaffen hatte, welchen, in ebenderselben Größe, womit im Gebiet der *Vocal*musik *Händels* Chorstyl erscheint, die Kunstwelt überhaupt noch erst zu erwarten hat. Auf jenem Wege aber brach *Mozart* mit seinen *Klavier-Concerten* eine neue Bahn auch für die Orchester-Composition.

Hier erscheint *Mozart* als Instrumental-Componist in seinem eigenthümlichen Lichte. [...]

Prüfen Sie nun, meine kunstbefreundeten Zuhörer! wie ich, geschichterzählend, und dabey die wahren Schönheitsgesetze im Auge behaltend, vom Tadel zum Lob übergehe, und ob dabey historische und kritische Consequenz sey. [...]

Nun habe ich an *Mozart* das übertriebene, ausschweifende Contrastiren getadelt, und am allermeisten getadelt als ein Contrastiren der Cantabilität mit dem freyen Tonspiel.[a] Ich fand und finde also *Mozarts*

---

[a] Unter „Cantabilität" versteht Nägeli hier einen Instrumentalstil, der sich an einem Gesangsideal und somit an der menschlichen Stimme orientiert. Mit dem „freyen Tonspiel" bezeichnet er dagegen eine allein auf Instrumente bezogene Kompositionsweise. Sein Tadel gilt der Vermischung dieser beiden Arten.

Styl fehlerhaft. In und mit diesem an sich fehlerhaften Styl kann dennoch *Mozart* das größte Genie bewahrt haben. Er hat es wirklich, und zwar in jener Gattung von Kunstwerken, von deren Daseyn man wohl weiß, hin und wieder auch viel rühmt, die aber aus unserem öffentlichen musikalischen Leben, so sehr auch *Mozart*'sche Musik in allen Theatern, Concertsälen, geselligen und häuslichen Kreisen täglich wiederhallt, so viel als verschwunden sind.

Dennoch ist dieß diejenige Gattung, worin die Kunst, das Kunstverfahren des Conrastirens, eben *durch* die Gattung, als solche, zur Aufgabe gestellt, mithin hier förmlich legitimirt ist.

Es sind nämlich die Contraste *kunstgemäßer,* je *individualisirter* sie sind. Contraste für *zwey* Instrumente, zum Beispiel, Klavier und Violine, also auch von zwey Personen zu spielen, sind schon um so angemessener. Besitzt der auf Contraste ausgehende Componist ein so großes Kunstvermögen, daß er seine Kunst für noch mehrere Instrumente zu individualisiren vermag, wie *Mozart* in seinen *Trios, Quartetten, Quintetten,* so ist die also gesteigerte Kunst auch eine ächtere. Wählt er sich vollends zur Contrastirung Instrumente von verschiedenem Tonmaterial, allerley Saiten- und Blasinstrumente, so führt er damit seine Kunst auf den höchsten Gipfel.

Auf diesen höchsten Gipfel hat *Mozart* seine Contrastierungskunst wirklich geführt in seinen *Klavier-Concerten.* Und was dabey das Merkwürdigste, das Verdienstlichste, ja sein Triumph ist, besteht darin, daß er auf diesem Wege zugleich in der *Individualisirungskunst der Kunst* Riesenschritte gemacht hat.

Hier ist die Contrastirung der Cantabilität mit dem Spiel gerade so wahrhaft künstlerisch, als sie *seyn kann*. Er legt jene vorherrschend in die Blasinstrumente, dieses in die Saiteninstrumente. Er geht noch weiter, er unterscheidet mit künstlerischem Tiefsinn das akustisch Eigenthümliche der verschiedenen Saiten- und der verschiedenen Blasinstrumente. Er benutzt sowohl jene unter sich, als diese unter sich, zu ästhetischen Gegensätzen. Die Saiteninstrumente behandelt er so, daß er das Rhythmenspiel vorherrschend den Bogen-Instrumenten, das verklingende Tönespiel, Passagenwesen, dem Klavier zutheilt. Von den Blasinstrumenten behandelt er jedes, nach dessen Bauart, Tonmaterial und Prästanz, wie ein leibhaftiges Individuum. Er läßt jedes nach seiner Weise seine Melodie singen. So bekommt zum Beispiel der *Fagott*, ein für Solospiel ziemlich unscheinbares Instrument, ebensowohl seine wunderschönen Melodieen, wie die *Flöte*. Dergestalt bildet er das ganze Orchester, also die ganze volle Erscheinungswelt der Instrumentalmusik zu einer durch und durch bedeutungsvollen lebensausströmenden Kunstgestalt aus.

So hat er das Orchester thatsächlich auf die einzige, einzigmögliche Weise organisirt, wie es der *Normal-Idee* des Kunstlebens unmittelbar für die künstlerische, symbolisch für alle menschliche Wechselwirkung entspricht. War zu *Mozarts* Zeit in den „Concerten" aller anderer Componisten wesentlich gestaltet eben nichts anderes wahrzunehmen, als bloße Contrastirung des Solo mit dem Tutti, gleichsam Fürst und Volk in einfachem Verhältniß: so läßt hingegen Mozart zwischen dem *Haupt-Solo*-Instrument und dem Tutti noch die *Zwischen-Soli* der verschiedenen Instrumente, jedes in seinem eigenthümlichen Schmuck, also hervorragen, daß diese, vermittelnd, als Minister, Edelleute, Repräsentanten des Kunststaates, mit ihren Ämtern und Würden zwischen Fürst und Volk hingestellt, erst den höheren Organismus der Kunstwelt vollenden.

Mit dieser unvergleichlichen Kunstgattung hat sich Mozart auch den sachkundigen Historiker, der sonst an dessen unheilbringender Contrastirungssucht sehr Anstoß nehmen mußte, wieder völlig versöhnt. Um so mehr aber hat er es zu bedauern, daß jene vor ungefähr dreyßig Jahren erschienenen zahlreichen Klavier-Concerte schon bald nach Einem Jahrzehend zurückgesetzt werden mußten, und zwar aus einem Grunde, den die Nachwelt kaum begreifen wird: weil in der Klavierparthie für einen auftretenden Solospieler *zu wenig Effekt* liege. Indeß ist dieß zum Theil hinwieder *Mozarten* selbst beyzumessen. Ihm mußte unter seiner Hand Alles, auch das Individualisirteste, *Effekt machen*. Weil er nun in seinen Klavier-Concerten so vieles, so manches obligirte Instrument zu individualisiren hatte, so blieb nicht so viel Effektuirkunst für das Klavier übrig, als der Virtuose gewöhnlich fordert, um sich, als solcher, auszeichnen zu können. Diese Auszeichnung war aber dem „ausübenden" Künstler, als das Concertwesen zur allgemeinen Kunstsitte erwachsen war, und die Concert-Compositionen auch für Bogen- und Blasinstrumente häufiger wurden, und so die Virtuosen unter einander in Concurrenz kamen, zum Bedürfniß geworden, und das um so mehr, als die Virtuosen überhaupt für das Effektuiren, auch ganz vorzüglich durch ästhetische Ausbildung des *Solospiels*, neue, wirksame Kunstmittel zu erreichen strebten und wirklich erreichten.

„Schweigen in den Korridoren des Ruhms"

Die Klavierkonzerte von Ludwig van Beethoven, aber mehr noch das Virtuosentum des 19. Jahrhunderts lassen die Mozartschen Konzerte in den Hintergrund treten. Als Franz Liszt die Leitung der Hundertjahrfeier von Mozarts Geburtstag übernimmt, die am 27. und 28. Januar 1856 in Wien stattfindet, verfasst er eine ausführliche Gedenkschrift. Darin beschäftigen ihn in erster Linie kunstphilosophische Gedanken – die Überschrift zu diesem Kapitel ist dieser Schrift entnommen[1]. Die Worte „Klavier" und „Konzert" kommen dagegen überhaupt nicht vor, und im einzigen kurzen Abschnitt, in welchem Liszt sich überhaupt zu diesem Themenbereich äussert, relativiert er zuerst Mozarts Virtuosität, um dann festzustellen, dass ein Interpret durchaus auch ein Komponist sein kann. Womit er wohl ebenso sehr von sich selbst spricht wie von Mozart:

Die Vielseitigkeit seines Genies hat sich auf alle Zweige der Kunst erstreckt, selbst die *Virtuosität* nicht ausgenommen, welche er im Verhältnis zu der damaligen Technik bis zur höchsten Höhe steigerte – ein Verdienst, das bei der Feier seines Andenkens nicht mit Stillschweigen übergangen werden darf. Kann seine Virtuosität auch nicht mehr unmittelbar von uns empfunden werden, so besitzt sie dennoch einen Antheil an dem Einfluss, den Mozart auf seine Zeitgenossen, sowie auf seine Nachfolger ausgeübt hat. Für Beethoven, Weber, Meyerbeer, Mendelssohn, Spohr und andere war sie ein Vorbild, wie er ein solches für sich in Bach und Händel gefunden hatte. Hierin liegt zugleich ein Beweis, dass ebenso, wie ein Komponist das Bedeutendste hervorbringen kann, ohne auch die Gaben des ausübenden Künstlers zu besitzen, er *mit* denselben der anderen nicht verlustig geht und dass umgekehrt das Genie des reproducirenden Künstlers, trotzdem es das Geschaffene zum Ausdruck bringt, sehr wohl mit dem Genie des Schaffens vereinigt auftreten kann.[2]

Mozarts Klavierkonzerte sind also ausser Kurs; am ehesten wird noch das ‚romantischste', das d-Moll-Konzert KV 466 gespielt – so etwa 1856 von Johannes Brahms –, aber auch dieses trägt den Stempel vergangener Zeiten:

„Allgemeine Musikalische Zeitung" 1867

Leipzig. Die Anwesenheit des Herrn Capellmeisters Ferd[inand] Hiller[a] verschaffte uns im dreizehnten Abonnement-Concert (24. Januar) nochmals das Vergnügen, ihn spielen zu hören [...]. Er spielte Mozarts reizendes D-moll-Concert [KV 466], ganz im Geiste des Werks und in jener älteren Manier des Anschlags in Melodie und Passagen, wie sie solchen älteren Werken angemessen ist. Ein Hinderniss für ihn scheint nachgerade seine Corpulenz, namentlich auch der Hände zu werden, es war manchmal, als ob es ihm schwer würde, mit *einem* Finger auch nur *eine* Taste anzuschlagen.

[a] Ferdinand Hiller (1811-1885) war Pianist, Dirigent, Komponist und Lehrer. Mit zehn Jahren spielte er sein erstes Mozart-Klavierkonzert; er wurde einer der wenigen Schüler von Johann Nepomuk Hummel (s. unten S. 68[b]) und war eng mit Felix Mendelssohn befreundet.

In der gleichen Zeitschrift heisst es zu einem Konzert in Stuttgart, am Palmsonntag, 10. April 1881:

Als zweite Nummer hörten wir das C moll-Concert von Mozart [KV 491], welches von unserem trefflichen Prof. Pruckner in ganz vorzüglicher Weise interpretiert wurde. Sein herrliches Spiel führte uns leicht weg über einige „göttlichen Längen" der Composition.

So meint man, ,verbessernd' eingreifen zu müssen; nochmals von Leipzig berichtet die „Allgemeine Musikalische Zeitung" am 29. Dezember 1875 vom letzten Gewandhauskonzert der Saison:

[...] sodann überraschte man uns mit einer Quasi-Novität, bestehend in Mozart's Clavierconcerte B-Dur [wohl KV 595], welchem Herr Kapellmeister Reinecke[a] (der das Concert auch spielte) durch einzelne wirksamer gesetzte Stellen in der Clavierstimme sowie durch Hinzusetzung von zwei Clarinetten, Trompeten und Pauken in der Orchesterbegleitung ein etwas moderneres, farbenreicheres Klanggewand gegeben hatte.

Wenden wir uns dagegen der Entdeckungsreise Clara Schumanns (1819-1896) zu, einer der ganz grossen Pianistinnen ihrer Zeit: Als Johannes Brahms ihr das G-Dur-Konzert KV 453 schenkt und ihr rät, auch dasjenige in A-Dur KV 488 anzuhören, gerät sie in helle Begeisterung:

---

[a] S. auch dessen Beitrag, unten S. 73ff.

Clara Schumann an Johannes Brahms,
Detmold, 5. Februar 1861

[...] Zu schreiben habe ich wenig, könnte ich Dir aber mein ganzes volles Herz ausschütten, Aug' in Auge, Du müsstest wohl lange zuhören, und wäre es doch nur das, was Du selbst am besten weißt. Ich denke, Du ahnst, dass ich von den Mozartschen Konzerten spreche, die ich beide mit einem unbeschreiblichen Entzücken gespielt. Mein erstes Gefühl dabei war, könnte ich Dich umarmen zum Dank dafür, dass du mir diese Genüsse verschafft! Welche Musik ist das, diese Adagios! Ich konnte mich bei beiden der Tränen nicht erwehren, namentlich ergriff mich das Cdur-Adagio [KV 453] aufs tiefste – Himmelswonne durchströmt einen da. Die ersten Sätze wie prachtvoll, der letzte vom Adur [KV 488], ist das nicht, als ob lauter Funken aus den Instrumenten sprühen – wie lebt und webt das alles ineinander. Doch genug – ich meine, ich könnte nicht aufhören davon, und dann ist's doch nur ein schwacher Ausdruck dessen, was ich empfinde. Ich wollte Dir das Gdur-Konzert zurückschicken, mir ist aber, als müsste ich es festhalten. Könnte ich es doch bald wieder spielen. Recht betrübt ist es, dass das Publikum keine Ahnung von der Herrlichkeit dieser Musik hat, das sitzt dabei teilnahmlos, während unsereins die ganze Welt umarmen möchte vor Entzücken, dass es solchen Menschen gegeben. [...][3]

Johannes Brahms an Clara Schumann,
Hamburg, 7. Februar 1861

Grosse Freude haben mir Deine lieben Briefe gemacht, beste Clara, und die entzückten Worte über die Mozartschen Konzerte. Nun, ich wusste wohl, dass Du was jubeln würdest dabei, und deshalb ärgerte mich's, dass Du am Ende ohne das aus Detmold gehen könntest.

Wie gern wäre ich dabei gewesen, man kann gar nicht grössere Wonne haben als eben, wenn diese Konzerte lebendig werden. Das blosse Lesen ersetzt's einmal nicht. Wie aus einem echten Jungbrunnen geschöpft!

Aber leider geniesst man wirklich die Wonne allein. Dasselbe Publikum, das immer an Mozart mahnt und moderne Zerrissenheit bespöttelt, geniesst doch nur diese und empfängt keinen Eindruck bei jenen.

Das Gdur-Konzert behalte ja (wenn Du es von mir hast), ich brauche es nicht.

Solltest Du einmal öffentlich eines spielen, so nimm das in C moll [KV 491]. Es ist das effektvollste und nun Dir ja auch noch neu. [...][4]

Clara Schumann an Johannes Brahms,
Düsseldorf, 13. Februar 1861
[...] Wie freuten mich Deine schönen Worte über Mozart! Ach ja, wärst Du dabei gewesen, ich hätte mit Dir jubeln können. Ich danke Dir für das Gdur-Konzert, bitte, sage bei Gelegenheit Avé, dass ich seine Stimmen gern noch etwas behielte (etwas lange), denn jetzt komme ich ja leider nicht dazu, es wieder zu spielen. [...][5]

Clara Schumann an Johannes Brahms,
Hannover, 21. November 1861
Mein lieber Johannes,
Wie hast Du mich heute durch Deinen lieben Brief erfreut, er kam gerade nach der Probe des Mozartschen

Konzerts [KV 491], wobei ich so viel Deiner gedacht – gerade wie damals in Detmold beim Gdur und Adur. Es ist wundervoll, aber auch schwer genug. In Leipzig es zu spielen, fürchte ich etwas, denn David[a] tritt schon gleich mit solch einer Nonchalance an Mozart heran, dass man lieber gar nicht erst anfinge, und schlecht genug geht es dann. Wir werden es nun morgen erst ordentlich studieren. Deine Kadenz gefällt Joachim[b] sehr, bis auf den unaufgelösten 6/4-Akkord, den ich nun, da Du mir kleine Änderungen gestattet, aufzulösen mir erlauben werde. [...][6]

Clara Schumann an Johannes Brahms,
Leipzig, 13. Dezember 1861

[...] Das Konzert [KV 491] ist sehr gut ausgefallen, sie haben es schön begleitet – ich habe doch wieder mehr Respekt vor dem Leipziger Orchester bekommen, sie haben das Konzert eigentlich besser begleitet als in Hannover, und gleich das erstemal, ohne dass wir auch nur eine Stelle zu wiederholen brauchten – sie sind eben hier sehr gewöhnt, zu begleiten. – Ich habe immer noch so einen kleinen Verdacht, ob Reinecke[c] es schon vorher durchgenommen hatte! – [...]

Im Musiker-Pensionsfond-Konzert werden wir das Cdur von Bach für 3 Klaviere spielen, das Mozartsche,

---

[a] Ferdinand David (1810-1873), Geiger, Komponist und Lehrer. Er wurde 1836 von Mendelssohn zum Konzertmeister des Leipziger Gewandhausorchesters berufen, eine Stelle, die er bis zu seinem Lebensende beibehielt.
[b] Joseph Joachim (1831-1907), einer der grossen Geiger seines Jahrhunderts. Schüler von David und Mendelssohn, war er eng befreundet mit Johannes Brahms.
[c] S. unten S. 73.

meint Moscheles[a], sei zu zopfig, es sei kaum anders, als eine Pleyelsche[b] Sonate. Ich wünschte aber doch, wir probierten es wenigstens. Der alte Herr strahlt vor Freude, dass wir zusammen spielen sollen.[...][7]

Dreissig Jahre danach: Die folgende Episode zeigt, wie sehr damals Kadenzen als schöpferische Antwort der Interpreten auf die Mozartschen Konzerte angesehen wurden. Heute werden sie weitgehend im Stile Mozarts ausgeführt[c]; damals wurde ein Stilbruch in Kauf genommen. Allerdings durfte man damit auch wieder nicht zu weit gehen. 1871 schreibt die „Allgemeine Musikalische Zeitung" von Carl Reineckes Kadenzen: „[...sie] klangen aber etwas reichlich gesucht und hatten mit dem Mozart'schen Concerte sehr wenig zu schaffen". Gelobt wird dagegen an einem Konzert in Heidelberg vom 8. April 1874 an heute unbekannten Interpreten – und bereits scheint so etwas wie eine Renaissance der Mozart-Konzerte in Sicht:

Die eingelegten Cadenzen waren kurz, hielten sich streng innerhalb der Grenzen Mozart'scher Compositionsweise für das Clavier und erhielten einen überraschenden Reiz in der Cadenz des Schlusssatzes durch die geistvolle Verwendung einiger Motive aus anderen Concerten Mozart's. Das Publikum zeigte sich sehr empfänglich für den Zauber der Mozart'schen Melodien, und dürften die Clavierspieler mit sicherem Erfolg sich an die Hebung des Schatzes wagen, der in

[a] Ignaz Moscheles (1794-1870), als Pianist eine der grossen Persönlichkeiten zwischen der Klassik und dem Virtuosentum des 19. Jahrhunderts.

[b] Ignaz Pleyel (1757-1831), Schüler Joseph Haydns.

[c] S. dazu den Beitrag von Dominik Sackmann, unten S. 131ff.

der bedeutenden Zahl noch unbekannter Clavierconcerte des grossen Meisters verborgen liegt.

So hatten auch Clara Schumann und Johannes Brahms ihre eigenen Kadenzen zu Mozarts Klavierkonzerten geschrieben.

Clara Schumann an Johannes Brahms,
Frankfurt a.M., 29. September 1891
(Diktiert.)

ich fühle mich leider nicht wohl genug, Dir eigenhändig zu schreiben, muss Dir aber heute etwas mitteilen, was mich aufregt, und an dessen baldigster Beantwortung Deinerseits mir viel liegt. Du weisst, ich habe immer zu dem D moll-Konzert von Mozart [KV 466] meine eigenen Kadenzen gespielt, wozu Du mir seinerzeit gestattetest, aus einer von Dir gemachten Kadenz einiges zu benutzen. Ich bin nun seit Jahren oft angegangen worden, die Kadenzen herauszugeben, wozu ich mich denn auch diesen Sommer entschloss, da ich selbst doch nicht mehr öffentlich spiele. Die Kadenzen waren mir mit der Zeit so in Fleisch und Blut übergegangen, dass ich mit Ausnahme einer sehr schönen Stelle (an der ich gedachte, die Anmerkung eines J.B. zu machen), nicht mehr wusste, dass ich viel mehr von Dir entnommen hatte. Heute, wo ich von Rieter die zweite Korrektur bekomme, befällt mich der glückliche Gedanke, Deine alte Kadenz herauszusuchen, wo ich denn zu meinem Schrecken sehe, wie sehr ich mich beinahe mit fremden Federn geschmückt hätte. – Ich befinde mich nun Rieter[a] gegenüber in

[a] Jakob Melchior Rieter-Biedermann (1811-1876), Winterthurer Musikverleger und Gründer der dritten Auflage der

furchtbarer Verlegenheit und weiss nur zwei Wege: entweder ich ziehe meine Kadenzen zurück, natürlich vorausgesetzt, dass die Sache unter uns bleibt, oder Du erlaubst mir, auf den Titel zu setzen: „mit teilweiser Benützung einer Kadenz von Johannes Brahms". Du bist so gut, wenn Du auf letzteren Vorschlag eingehst, mir den Titel gleich gut stilisiert aufzusetzen.

Es ist schrecklich, dass einem so gewissenhaften Menschen, wie ich bin, so etwas passieren kann! – [...]

Johannes Brahms an Clara Schumann,
Wien, 2. Oktober 1891

Liebe Clara,

ich bitte Dich recht herzlich, lasse ja die Kadenzen ohne weiteres mit Deinem Namen in die Welt gehen.

Auch das kleinst J.B. würde nur sonderbar aussehen; es ist wirklich nicht der Mühe wert, und ich könnte Dir manches neuere Werk zeigen, an dem mehr von mir ist als eine ganze Kadenz! Zudem aber müsste ich denn von Rechts wegen zu meinen besten Melodien schreiben: Eigentlich von Cl. Sch.! – Denn wenn ich an *mich* denke, kann mir doch nichts Gescheites oder gar Schönes einfallen. Dir verdanke ich mehr Melodien, als Du mir Passagen und derlei nehmen kannst.

[...] Wegen der Kadenzen aber beruhigst Du Dich doch gewiss und leicht? Mit herzlichen Grüssen an Dich und die Deinen

Johannes

„Allgemeinen Musikalischen Zeitung" in Leipzig, 1866-1882.

Clara Schumann an Johannes Brahms,
Frankfurt a.M., 5. Oktober 1891

So lasse ich denn alle Skrupel fallen – nach so liebenswürdiger Ermutigung kann ich doch nicht anders, ich möchte es nur, es wäre ein Teil von dem wahr, was Du mir zuschriebst. [...][8]

1896 schreibt Edvard Grieg einen längeren Aufsatz über Mozart, dem die folgenden beiden Abschnitte entnommen sind.[9] Im ersten kommt er auf Mozarts Arbeitsweise zu sprechen[a], im zweiten tut er voller Aufbruchstimmung einen Blick in die Zukunft.

Von den Klavierkonzerten ist das in d-Moll [KV 466] das berühmteste und schönste. Nebenbei möchte ich empfehlen, Mozarts originale Ausgabe zu verwenden, nicht die von Hummel[b], die mit überflüssigen Verzierungen und anderen willkürlichen Veränderungen versehen ist. Hier kann ein charakteristisches Beispiel für Mozarts Arbeitsweise angeführt werden. Vor nicht langer Zeit sah ich in Wien das Manuskript zum d-Moll-Konzert. Im Finale ist Mozart bei seiner Arbeit irgendwie unterbrochen worden. Als er sich wieder daran machte, setzte er nicht dort fort, wo er zuletzt stehen geblieben war. Ein Federstrich über dieses ausgezeichnete Bruchstück: ein neues Finale, das wir alle kennen! Kein mühsames Suchen nach dem verlorenen Faden! Es scheint, als ob Mozart es vorzog, eine grosse

---

[a] S. dazu auch den Beitrag von Konrad Küster, unten S. 181ff.
[b] Johann Nepomuk Hummel (1778-1837), kam als Wunderkind zu Mozart und wurde in seiner Zeit als einer der grössten Komponisten und Pianisten geschätzt. Ab 1819 war er Kapellmeister in ,Goethes' Weimar.

Form in einer einzigen grossen Stimmung zu vollenden. Kein Wunder daher, dass selbst das meistgeübte Auge oder Ohr nichts von einer Zusammenfügung entdecken kann. Wir können nur bewundernd auf diese Arbeitsmethode schauen, die anzuwenden bloss wenigen Auserwählten vergönnt ist. [...]

Was würden wir nicht heute dafür geben, wenn wir des Meisters eigene Töne am Cembalo bei einer seiner „Akademien" hören könnten, die Mozart in Wien gab! Das Lokal findet man noch in der zweiten Etage eines Gebäudes, wo das für Musiker nicht unbekannte Restaurant „Zum roten Igel" in unseren Tagen Künstler wie Brahms in seinen bescheidenen und anspruchslosen Räumen versammelt. Ja, wäre der Phonograph damals erfunden gewesen, dann könnten wir Mozart jetzt spielen hören. Wir wären dann befreit von dem Staub, den die Musikgelehrten um die Mozartschen Tempi aufgewirbelt haben, um seine Dynamik, um seinen Vortragsstil etc. etc. Manch unnötiger Streit, mancher Hass und manche Feindschaft würden vermieden werden. Die Zukunft wird es in dieser Hinsicht besser haben als wir. Sie wird sowohl mit Augen als auch mit den Ohren das Bild unserer Zeit und ihrer Wirklichkeit festhalten können. All das Grosse wird durch die Wundermacht der Wissenschaft den Menschen der Zukunft, die dem Glück näher zu kommen scheinen, zugeleitet werden – bis vielleicht eine grosse Naturrevolution das alles wegwischt – und das alles beginnt wieder von vorne. Neue Zeiten, neue Formen für die gleichen Bestrebungen, die gleichen Sehnsüchte. Der ewige Kreislauf. – Doch ich schweife ab.

1   Franz Liszt: Mozart. Bei Gelegenheit seiner hundertjährigen Feier in Wien. In: *Dramaturgische Blätter*. I. Abtheilung. Leipzig 1881, S. 163 (= *Gesammelte Schriften* Bd.3.I).

2   Ebda., S. 153.

3   Berthold Litzmann, Hrsg.: *Clara Schumann – Johannes Brahms. Briefe aus den Jahren 1853-1896*. Bd.I, Leipzig 1927, S. 353f.

4   Ebda., S. 355.

5   Ebda., S. 357.

6   Ebda., S. 383f.

7   Ebda., S. 387.

8   Ebda., Bd.II, S. 461ff.

9   Edvard Grieg: Mozart. In: Hella Brock: *Edvard Grieg als Musikschriftsteller*. Altenmedingen 1999, S. 192 und 193.

1891

Carl Reinecke

Zur Wiederbelebung der Mozart'schen Clavierconcerte.

Ein Wort der Anregung an die clavierspielende Welt.

Carl Reinecke (1824-1910), Pianist, Komponist und Pädagoge wirkt zuerst in Köln am Konservatorium von Ferdinand Hiller[a]; den grössten Teil seines Lebens dann am Konservatorium Leipzig, dessen Direktor er 1897 wird. Schon früh setzt er sich als Dirigent und Interpret für die Mozart-Konzerte ein[b]; wenn wir den Kritiken glauben schenken wollen, allerdings nicht immer mit grosser Stilsicherheit. In der „Allgemeinen Musikalischen Zeitung" heisst es etwa zu einem Konzert, das am 17. März 1871 mit Reinecke als Dirigent und Solist in Hamburg stattfand:

Im Verlaufe des Abends spielte Herr Reinecke das sehr lange nicht gehörte wunderschöne Mozart'sche Concert in D-Dur [wohl KV 537] und von den verschiedenen Sätzen desselben die Romanze am schönsten, während der letzte Satz etwas ruhiger hätte gehalten werden können, um den Passagen mehr Klarheit zu verschaffen; die eingelegten Cadenzen eigener Composition verriethen die geschickte Arbeit, klangen aber etwas reichlich gesucht und hatten mit dem Mozart'schen Concerte sehr wenig zu schaffen.

[a] S. oben S. 60.
[b] S. oben S. 61 und 64.

Auch aus Heidelberg gibt es einen ähnlichen Bericht über
den Dirigenten und Solisten Reinecke, ebenfalls mit einem
D-Dur Konzert, wohl dem gleichen KV 537:

> [...] für das Concert fand er die Stimmung nicht.
> Den heiteren, von süssen Melodien überquellenden
> Sätzen gab er eine elegisch-sentimentale Färbung,
> lange Cadenzen im modernsten Bravourstil ausge-
> arbeitet und Zusätze von Verzierungen im Andante
> wirkten störend. Wann werden die Musiker begrei-
> fen, dass ein Kunstwerk nur in der Form, wie es der
> Meister erdachte, die volle Wirkung üben kann!

Ich nehme an, Reinecke hätte sich gegen solche Kritiken ver-
wahrt. Ist es doch ausgerechnet er, der mit seiner Schrift zu
den Mozart-Konzerten, die im Folgenden auszugsweise wie-
dergegeben ist, einen Beitrag zu deren Wiederentdeckung
leistet, der nicht ohne Resonanz geblieben ist; dies belegt eine
zweite Auflage von 1902. (Die vorgenommenen Kürzungen
betreffen in erster Linie Notenbeispiele.)

Am 5. December 1891 erfüllen sich hundert Jahre seit
dem Tage, da einer der grössten Tondichter aller Zeiten, *Wolfgang Amadeus Mozart*, von dieser Erde schied,
und ohne Zweifel wird man fast in der ganzen civilisir-
ten Welt, jedenfalls aber da, wo überhaupt Musik ge-
pflegt wird, diesen Tag ernst und feierlich begehen.
Mögen diese feierlichen Veranstaltungen aber vor Allem dazu beitragen, die Mitwelt wieder ernst und
dringend darauf hinzuweisen, welch eine bedeutsame
Stellung Mozart noch immer einnimmt und wie dringend wünschenswerth – um nicht zu sagen, wie
nothwendig – es ist, seine Meisterwerke wieder häufiger vorzuführen, als dies in den letzten Decennien im

Allgemeinen geschah. Die Thatsache allein, dass eine bedeutende Anzahl von Mozart's Werken noch heute ihre volle Wirkung auf ein gesundes Ohr und auf ein unverdorbenes Gemüth ausübt, ist ein genügender Beweis für seine Grösse und Bedeutung, denn innerhalb eines Jahrhunderts gehen auf dem Gebiete der Kunst grosse Wandlungen vor sich, sowohl was die der Kunst zu Gebote stehenden Mittel anbelangt, als auch was die Anschauungen und das Können der Künstler und endlich den Geschmack und das ganze Empfindungsleben des Publikums betrifft. Mozart's Opern (vielleicht mit Ausnahme von „Idomeneo" und „Titus"), namentlich aber „Figaro's Hochzeit", „Don Juan" und „Die Zauberflöte" haben unter allen seinen Werken wohl am meisten der Zeit getrotzt und stehen noch heute als in ihrer Art unübertroffene Meisterwerke da; demgemäss begegnen wir ihnen auch noch ziemlich häufig auf den Bühnen. Aber auch seine schönsten Symphonien (denen in *G moll, Es dur, D dur* [ohne Menuett] und *C dur* mit fugirtem Finale), einzelnen Opern-Ouvertüren, dem Requiem, dem Ave verum, einigen Concert-Arien und Liedern, sowie seinen Streich-Quartetten und -Quintetten begegnen wir, wenn auch meiner Ansicht nach nicht *genügend* oft, so doch in gewisser regelmässiger Wiederkehr auf den Programmen der Concert-Gesellschaften und Kammermusik-Vereinigungen. Aber merkwürdigerweise werden gerade *diejenigen* Werke, welche unser Meister für sein eigenes Haupt-Instrument, für das Clavier, schrieb, fast gar nicht mehr öffentlich gehört und beinahe nur noch zu instructiven Zwecken verwandt. Kaum je begegnet man bei öffentlichen Aufführungen seinen Clavier-Quartetten oder -Trios, seinen Sonaten für Clavier und Violine oder einem Solostücke für Clavier, am allerseltensten aber seinen *Clavier-Concerten*, und sollte letzteres wirklich einmal der Fall sein, so ist Hundert gegen Eins zu wetten, dass wir dann auf das eine Concert in *D moll* [KV 466] stossen, obgleich unter den fünfundzwanzig Clavier-Concerten (die beiden für zwei und drei Claviere ungerechnet), welche Mozart geschrieben hat, mindestens noch sechs sind, welche dem *D moll*-Concerte ebenbürtig, zum Theil sogar – meiner Ansicht nach – überlegen sind. Es ist dies um so auffälliger, als Mozart der recht eigentliche Schöpfer unseres heutigen Clavier-Concertes ist. Vor ihm hatte kein Einziger es verstanden, Solo-Instrument und Orchester in das richtige Verhältniss zu einander zu stellen; entweder spielten die begleitenden Instrumente (wie bei Joh. Seb. Bach) eine fast ebenso bedeutende Rolle wie das Solo-Instrument, oder sie sanken zu gänzlicher Bedeutungslosigkeit herab. Einer späteren Zeit war es beschieden, diejenige Art von Clavier-Concerten hervorzubringen, in denen das Solo-Instrument dem Orchester fast untergeordnet ist, und welche man als ernsthafter Mann Symphonien mit obligatem Clavier zu nennen versucht ist, während ein witziger Kopf meinte, es seien nicht Concerte *für*, sondern *gegen* das Clavier. Bei Mozart ordnet sich das Orchester dem Claviere stets so weit unter, dass diesem unbestritten die Hauptrolle und die Hauptwirkung verbleibt, während es andererseits – abgesehen von den ganz selbständigen sogenannten Tuttisätzen – überall entweder alternirend, unterstützend oder contrapunctirend in der reizendsten Weise eingreift. Das Verdienst Mozart's, dem Concerte einen ebenso künstlerischen Werth und Gehalt gegeben zu haben, wie den anderen

grossen Kunstformen, ist um so grösser, als man zuge-
stehen muss, dass das Concert als solches nicht, wie
etwa die Symphonie und das Kammermusikstück,
ganz ausschliesslich den Zweck verfolgt, als reines
Kunstwerk zu wirken, sondern auch noch die Aufgabe
hat, dem Spieler desselben Gelegenheit zur Entfaltung
seiner Kunstfertigkeit, seiner Geläufigkeit, seiner Bra-
vour und seiner Vortragskunst zu geben. Diesen letzteren Zweck erreicht, und nichtsdestoweniger in dem
Concerte ein das Gemüth und den Geist fesselndes
Kunstwerk geschaffen zu haben, ist Mozart's unsterbli-
ches Verdienst, welches auch dann nicht vergessen sein
darf, wenn wirklich einmal Mozart's eigene Concerte
gänzlich verschollen sein sollten. Dies Letztere einigermassen zu verhüten und zur Wiederbelebung derselben ein Scherflein beizutragen, ist der Zweck ge-
genwärtiger Blätter und der innigste Wunsch des Verfassers derselben.

Um einen Uebelstand – und als solchen betrachte
ich die Vernachlässigung der Mozart'schen Clavier-
Concerte zu heben, muss man die *Gründe* dafür erforschen. Liegt der Grund nun in den Concerten selber, an
den heutigen Spielern oder am Publikum? Am Letztern
schwerlich; denn ich bin zu öfteren Malen Zeuge gewesen, dass sich das Publikum herzlich erfreut hat
beim Vortrage eines Mozart'schen Concertes durch
Frau Clara Schumann, Ferdinand Hiller oder Wilhelm
Taubert, und ich selber habe häufig das Glück gehabt,
Freude dadurch zu erwecken. Da sie also, wie wir sehen, unter den Händen gewisser Spieler ihre Wirkung
nicht verfehlen, so kann man den Concerten selbst sicher nicht unbedingt und ausschliesslich die Schuld
beimessen; ich sage absichtlich „nicht unbedingt und

ausschliesslich", weil ich wiederum nicht glaube, dass man den modernen Pianisten *allein* die Schuld aufbürden darf, indem man schlankweg behauptet, sie könnten Mozart nicht spielen. Demgemäss muss man also folgern, dass doch einige Schuld an den Concerten selbst liegen muss. Und in der That wage ich dies zu behaupten, so befremdend dies auch Manchem erscheinen mag. Worin aber liegt der Mangel? Ist die Erfindung in seinen späteren und besten Concerten (und von diesen spreche ich nur) minder bedeutend, minder liebenswürdig als in seiner Kammermusik, seinen Symphonien und andern Instrumentalwerken? Ich glaube nicht. Ist die Structur und Factur hier eine oberflächlichere als in andern Werken? Sicher nicht. Wird dem Spieler keine Gelegenheit gegeben durch seine Vortragskunst und durch seine Geläufigkeit zu glänzen? Gewiss ist die Gelegenheit dazu vorhanden, aber, wie mir scheint, nicht genügend, *weil Mozart, nach damaligem Brauche, manches (um nicht zu sagen Vieles) in seinen Concerten nicht so aufschrieb, wie er selbst es spielte und wie er es von Anderen gespielt haben wollte, sondern Vieles nur in Umrissen gab, die auszuführen von dem Spieler verlangt ward.* Wer daher glaubt, es an der schuldigen Pietät fehlen zu lassen, wenn er von den Mozartschen Aufzeichnungen irgendwie abweicht, wird sich oft in Verlegenheit und sehr beklemmt finden, sobald er sich öden Stellen gegenüber sieht, aus denen der beste Spieler etwas zu machen nicht im Stande ist. Dass der Spieler in solchen Fällen nicht allein berechtigt, sondern sogar verpflichtet ist, bis zu einem gewissen Grade selbstschöpferisch einzugreifen, und dass dem Concertspieler zu Mozart's Zeiten eine viel grössere Selbstständigkeit eingeräumt war, als das heutzutage der Fall ist, dies zu begründen, sei nun zunächst meine Aufgabe. An erster Stelle erinnere ich an den ganz allgemeinen Brauch, die sogenannte „Cadenz", welche in jedem ersten Satze, häufig auch im letzten und dann und wann auch im langsamen Satze auftrat, nicht aufzuschreiben, sondern die Ausführung derselben dem Spieler anzuvertrauen, welcher also sie zu improvisiren oder zu componiren verpflichtet war. Man räumte ihm mithin das Recht ein im Rahmen des Kunstwerkes *selbstschöpferisch* aufzutreten! Sogar Beethoven noch folgte diesem allgemeinen Brauche und wich nur einmal – in seinem letzten Concerte in *Es dur* – hiervon ab, während er in seinen übrigen vier Clavier-Concerten und in seinem Geigen-Concerte die Cadenzen zu schaffen dem Solisten überliess. Aber nicht allein diese *grosse* Cadenz vertraute Mozart dem Spieler an, sondern er verlangte von ihm auch, dass er die kleinen Uebergänge vor der Wiederkehr eines Hauptthemas, wenn diesem eine Fermate vorherging, nach selbständiger Erfindung hinzufüge. Letzteres beweisen eine Anzahl von Blättchen seiner eigenen Handschrift, welche lauter derartige „Eingänge", wie Mozart sie nannte enthalten, und welche mir im Autograph vorlagen. Mozart hat dieselben muthmasslich für seine Schüler oder Schülerinnen, die derartiges nicht selbst schaffen konnten, aufgeschrieben. Die Ueberschriften auf diesen Blättchen lauten: „Erster (oder zweiter) Eingang zum Andante (Rondo) des Concertes ex *B*, ex *C*, u. s. w." In meiner bei Breitkopf & Härtel erschienenen Gesammt-Ausgabe der Mozart'schen Concerte findet sich u. A. im Andante des zwölften Concertes in *A dur* [KV 414] ein solcher Eingang von Mozart, welcher drei Systeme in Anspruch nimmt, anstatt der in der alten Ausgabe enthaltenen vier Noten. In dem Rondo des *C dur*-Concertes No. 13 [KV 415] begegnen wir einem mehr als drei Systeme langen Eingange anstatt der einfachen Pause mit Fermate, welche in der alten Ausgabe steht. Auch zu dem Concerte No. 15 in *B dur* [KV 450] fand sich anstatt der blossen Fermate ein über vier Systeme langer „Eingang". Aus der Thatsache, dass diese Ueberleitungen von Mozart's eigener Hand existiren, geht also klar hervor, dass der Meister an solchen gewissen Stellen kleine Ueberleitungen zum Thema *verlangte*. Es sei mir gestattet, hier zu erwähnen, dass ich in meinen Hand-Exemplaren der Mozart'schen Concerte (in der bekannten alten Typen-Ausgabe) derartige kleine Uebergänge meiner Erfindung einschaltete, gerade an *denselben* Stellen, wo ich, viele Jahre später, die Mozart'schen Originale in die neue Ausgabe aufnehmen konnte. Obgleich meine Uebergänge von viel bescheidenerem Umfange als die Mozart'schen, so hat mich dennoch seiner Zeit die Kritik deshalb angegriffen, wenn ich mich ihrer beim öffentlichen Spiele bediente und heute würde es mir nicht anders ergehen, wenn ich mich der *echten* Mozart'schen Zuthaten bediente, vorausgesetzt, dass es dem betreffenden Kritiker etwa unbekannt geblieben wäre, dass er echten, unverfälschten Mozart zu hören bekommen hätte. Ein fernerer Beweis, dass der Componist dem Spieler viel mehr Rechte und Selbständigkeit einräumte, beziehentlich ihm mehr zutraute, als dies heutzutage der Fall ist, liegt in dem Factum, dass Mozart in seinen Concerten *kaum ein einziges Vortragszeichen* vorschreibt, während er seine Werke für Clavier allein nicht selten minutiös genau bezeichnet. Im ersten Satze des berühmten *D moll*-Concertes [KV 466] finden sich in der Solostimme der Originalpartitur allerdings sechs forte- und fünf piano-Bezeichnungen aber freilich im steten Wechsel von halben Takten, und es ist begreiflich, dass Mozart, wenn er eine so *ausnahmsweise* Nüancirung verlangte, sich verpflichtet fühlte, dieselbe zu notiren, während er im Uebrigen glaubte, sich auf die Intelligenz des Spielers verlassen zu dürfen. So findet man denn in den beiden übrigen Sätzen dieses Concertes *nicht eine einzige* Vorschrift in Betreff der Dynamik. Das grosse *C dur*-Concert No. 21 [KV 467] enthält im Ganzen zweimal die Bezeichnung piano und desgleichen zwei forte-Zeichen! In seinem vielleicht umfangreichsten Concerte, dem sogenannten Krönungs-Concerte (*D dur* No. 26 [KV 537]) findet man Alles in Allem *ein* forte-Zeichen! Das Concert No. 16 in *D dur* [KV 451] enthält sogar nicht ein einziges Vortragszeichen, und wer sich die Mühe des Untersuchens nicht will verdriessen lassen, wird noch viele ähnliche Beispiele unter den übrigen Concerten finden. Wenn nun auch die Thatsache besteht, dass Mozart kaum irgendwelche Vorschriften über den Vortrag seiner Concerte gemacht hat, so wird doch kein Verständiger daraus folgern wollen, dass er die Clavierparthie in *einem* Grade der Stärke heruntergespielt haben wollte, sondern nur, dass er abermals dem Geschmacke und der Einsicht der damaligen Concertspieler sehr, sehr viel zutraute. Denn dass Mozart's Clavierspiel ein unglaublich fein nüancirtes war, erfahren wir von allen seinen urtheilsfähigen Zeitgenossen.[1] Aber selbst wenn uns diese Urtheile nicht überliefert wären, so würden wir allein aus der Nüancirung seines berühmten *A moll*-Rondos (Köchel, Verzeichniss No. 511) und namentlich aus dem Vergleiche des Autographen mit den älteren landläufigen Ausgaben abstrahiren können, dass Mozart einer der feinsinnigsten Spieler aller Zeiten gewesen sein muss. Die neueste Gesammt-Ausgabe der Mozart'schen Werke in Breitkopf & Härtel's Verlag enthält dies Rondo in vollständig genauer Uebereinstimmung mit dem Autographen. Es war für mich, der ich diese Ausgabe besorgte, geradezu ein Genuss dies Werk nach Mozart's eigener Handschrift zu revidiren und nicht allein zu gewahren, wie man in den alten Ausgaben manche Kühnheit unterdrückt hatte, welche dem Ohre vor hundert Jahren zu hart erschien, sondern namentlich auch zu entdecken, wie bei allen Abweichungen betreffs der Nüancirung stets die Lesart, wie sie Mozart's *Handschrift* bot, die unendlich viel feinere und geschmackvollere war. Wir finden hier auf mancher Seite mehr als zwanzig nur die *Dynamik* angehende Vorschriften, während die Bezeichnungen mittelst Bogen und Punkten etc. ausserdem eine äusserst sorgfältige ist. Aber nicht allein in *diesem* Werke, auch in andern, z. B. in der sehr wenig gekannten Menuett in *D dur* (K.V. No. 385 [neu 355]), welche, nebenbei gesagt, um ihrer vielen harmonischen Kühnheiten willen höchst interessant ist, im *H moll*-Adagio [KV 540], in den Phantasien ist die Bezeichnung eine sehr sorgfältige und kaum je begegnet man in seinen Solosachen für Clavier einem so auffallenden Mangel an Vortragszeichen, wie in den Concerten, welche Mozart doch zweifellos ebenso feinsinnig vorgetragen haben wollte wie jene. Wenn nun dieses Ansinnen, welches Mozart an den Spieler stellt, den Vortrag nach eigenem Ermessen zu gestalten und Cadenzen sowie Uebergänge von eigener Erfindung einzuschalten, evidente und unumstössliche Beweise sind für die bedeutende Selbständigkeit, welche dem

Spieler damals eingeräumt war, so glaube ich aber auch noch fernere Beweise durch den Vergleich der Mozart'schen Concerte mit seinen übrigen Clavier-Compositionen erbringen zu können. In den Concerten begegnet man nämlich recht häufig Takten und Perioden von solcher Dürftigkeit, wie man deren in seinen übrigen Werken nirgends findet, und es gehört ein durchaus blinder Autoritätsglaube dazu, um der Ansicht sein zu können, dass Mozart derartige Stellen so gespielt habe und so gespielt haben wollte, wie er sie notirte. Im letzten Satze des *Es dur*-Concertes (No. 22 KV [482]) begegnet man nach einer 17 Takte langen Sechszehntel-Passage folgenden sterilen Takten:

Kann ein verständiger Musiker im Ernste glauben, dass ein Mozart die unerhörte Geschmacklosigkeit besessen habe, obige Periode so zu spielen, wie sie notirt ist? findet sich in der gesammten Claviermusik Mozart's ohne Orchesterbegleitung etwas Aehnliches? [...] Weil ich mir gestattete, die Lücken solcher Skizzen in bescheidener Weise auszufüllen, musste ich mich seiner Zeit von einem Kritiker des „Vandalismus" bezichtigen lassen! Wahrlich eine seltsame Empfindung für einen Musiker, welcher sein Leben lang gerade Mozart aufs Innigste verehrt und cultivirt, und der, so zu sagen, über jede Note in seinen Concerten nachgedacht hat, um sie in Mozart's Sinne wiedergeben zu können!

Um den gütigen Leser nicht zu ermüden und um dies Schriftchen nicht durch allzu viele Notenbeispiele unnütz aufzubauschen, begnüge ich mich mit der Anführung obiger Stellen. Mit leichter Mühe wird man noch viele ähnliche Beispiele im *B dur*-Concerte No. 15 [KV 450], im *C moll*-Concerte No. 24 [KV 491], im *C dur*-Concerte No. 21 [KV 467] und im *B dur*-Concerte No. 27 [KV 595] finden. Ich wiederhole die Frage, ob es denkbar ist, dass diese angeführten Stellen mehr als Skizzen sein sollen, die der einsichtige und geschmackvolle Spieler zu vollenden und auszuführen hat? – Noch eine *andere* Wahrnehmung wird sich einem Jeden aufdrängen, welcher mit Aufmerksamkeit Mozart's Concerte mit seinen übrigen Clavierwerken vergleicht. In den letzteren wird man finden, wie er fast ausnahmslos die langsameren Themen und Cantilenen (wenn diese öfter als zweimal auftreten) bei jedesmaliger Wiederkehr mit den mannigfachsten melismatischen Varianten, ausstattet, während dies in den Concerten nur äusserst selten der Fall ist. In dem bereits erwähnten berühmten *A moll*-Rondo (Andante, 6/8 Takt [KV 511]) dessen unnachahmlich schöner Vortrag durch Rubinstein[a] einem Jeden, der es gehört, unvergesslich sein wird, tritt das Hauptthema fünfmal auf, und jedesmal umkleidet es Mozart durch

[a] Der Russe Anton Rubinstein (1829-1894) war nach Franz Liszt einer der grössten Pianisten des 19. Jahrhunderts.

anmuthige und liebenswürdige Varianten mit neuem Reize. Im Adagio der berühmten *C moll*-Sonate [KV 457] begegnen wir den ersten Takten des Hauptthemas sechsmal und jedesmal in anderer Fassung. Das Andante der *C dur*-Sonate No. 7 [KV 309] bringt das Hauptmotiv sechsmal, und jedes nächste Mal in reicherer Form. In der *B dur*-Sonate No. 13 [KV 333] erscheint das Hauptthema nur zweimal, das zweite Mal jedoch mit reicher Ornamentik versehen. Und noch unzählige Beispiele dieser Art wären anzuführen. Dieser Thatsache gegenüber muss es auffallend erscheinen, dass Mozart in seinen Concerten, und gerade in seinen grössten und brillantesten, die Gesangsthemen der langsamen Sätze vier- und fünfmal gänzlich unverändert bringt, vorausgesetzt, dass der Satz nicht von Haus aus in Variationenform geschrieben ist. In allen fünfundzwanzig Concerten begegnen wir nur vier Ausnahmen. Dagegen erscheint im *C moll*-Concerte [KV 491] das Andante-Thema fünfmal ganz unverändert, im *D moll*-Concerte [KV 466] desgleichen, im *D dur*- [KV 537] und *B dur*-Concerte [KV 595] viermal in gänzlich gleicher Fassung. Ist das lediglich Zufall? Carl Philipp Emanuel Bach, unter dessen Einflusse doch auch Mozart unleugbar stand, schreibt in der Vorrede zu seinen „Sechs Sonaten für's Clavier mit veränderten Reprisen": „Das Verändern beim Wiederholen ist heut zu Tage unentbehrlich. Man erwartet solches von jedem Ausführer." Der berühmte Clavier-Pädagoge Dr. Sigmund Lebert, schreibt in seiner Vorrede zu seiner Ausgabe der Mozart'schen Concerte:

Es scheint uns gar nicht denkbar, dass Mozart, was er in seinen Sonaten und Fantasien ausgeschrieben gibt, in den Concerten – die ja doch höhere Ansprüche machten – ebensowenig gespielt, wie ausgeschrieben habe. Vernahmen wir ja doch auch in unserer Jugend von zuverlässigen Männern, die Mozart noch selbst spielen gehört, mit welchem Reichthum von improvisirter Ornamentik und Variirung er seine Vorträge ausgestattet habe. Die Ornamentik spielte überhaupt in jener Zeit eine so grosse Rolle, so dass öfters, wenn ein Componist sie *nicht* wünschte, er dies durch die ausdrückliche Bezeichnung „senza ornamenti" zu erkennen gab.

Hummel[a], Mozart's hochbegabter Schüler, bestätigt die gleiche Ansicht durch seine bei Schott in Mainz erschienene Bearbeitung „Sept grands Concertos de Mozart". Dass das „Wie" seiner Ausführungen mir persönlich meistentheils in hohem Grade unsympathisch ist, ändert nichts an der Thatsache, dass er die reichere Ausführung mancher von Mozart nur skizzirten Stellen, auf Grund persönlicher Ueberlieferung für geboten erachtete. [...]

Wenn Dieser und Jener etwa der Ansicht sein sollte, dass ihm in diesem Falle die einfache Cantilene lieber sei als die verzierte, so ändert das an der Sache selber nichts. Es kommt eben bei Allem und Jedem darauf an, *wie* es gemacht wird und wenn man die wunderlieblichen Varianten betrachtet, mit denen Mozart in seinem *A moll*-Rondo das Thema bei jedesmaliger Wiederkehr ausstattet und welche man – wenn es nicht gar zu anachronistisch klänge – Chopin'sch zu nennen versucht wäre, so wird man sich versichert

---

[a] S. oben S. 68[b].

halten können, dass es kein Talmi-Gold[a] war, mit dem er seine einfachen Themen in den Concerten schmückte. Aber nicht allein achttaktige Perioden, in sich vollendete Themen pflegte Mozart umzugestalten, sobald sie wiederkehrten, sondern auch kurze Motive [...], und ich glaube, es wäre seinem hochausgebildeten Schönheitsgefühle unmöglich gewesen, sich in solchen Fällen stricte zu wiederholen. Ein geistreicher Mensch pflegt nicht zweimal hintereinander dasselbe zu sagen, während er es für vortheilhaft halten kann, denselben Gedanken mit anderen Worten noch einmal auszudrücken, um ihn desto eindringlicher wirken zu lassen. Von den schier zahllosen Beispielen solcher Mozart'schen Praxis frage ich, [...] ob es nicht ein Beweis echter und wahrer Pietät ist, wenn man sich [auch in den Concerten] bemüht, die Wiederholung in möglichst Mozart'scher Weise umzugestalten? Weist man, darauf hin, dass Mozart im Concerte für *zwei* Claviere [KV 365] eine Menge solcher Varianten ausgeschrieben habe und fragt man, warum er denn nicht dasselbe in den anderen Concerten gethan, wenn er sie – die Varianten – gewollt hätte, so erwidere ich, dass dieser Umstand gerade *für* meine Behauptung spricht, indem Mozart unmöglich voraussetzen konnte, *dass zwei Spieler in übereinstimmender Weise variiren würden*, und somit sah er sich gezwungen, in *diesem* Falle von seinem Brauche abzuweichen. Auch der Umstand, dass gerade dies Concert etwas reicher mit Vortragszeichen ausgestattet ist, scheint mir meine Ansicht zu bestätigen. – Somit glaube ich theils historisch, theils

---

[a] Eine Messinglegierung, die dem heutigen ,Trompetengold' entspricht.

ästhetisch begründete Beweise geliefert zu haben dafür, dass man die Mozart'schen Concerte nicht in sylbenstecherischer Weise genau so spielen darf, wie sie notirt sind, sobald man sie mit wahrhaftiger Pietät im Sinne des Meisters spielen will. „Der Buchstabe tödtet, aber der Geist macht lebendig." [...]

Ich darf nicht verschweigen, dass ich der Ansicht bin, es sei unser modernes Ohr hinsichtlich der Klangfülle, die es vom Pianoforte erwartet und verlangt, durch den modernen Claviersatz so verwöhnt dass ihm der Mozart'sche zuweilen, namentlich auch in den Begleitungsformeln, zu dürftig erscheinen muss, und dass ich mir deshalb an gewissen Stellen gestatte, derartige Begleitungsformeln, welche ja den musikalischen Gedanken gar nicht berühren, etwas breiter auseinander zu legen. Es versteht sich ganz von selbst, dass solches nur in bescheidener Weise, nicht aber in einer derartigen geschehen darf, welche die Eigenart Mozart's verwischen könnte. Ich füge hinzu, dass auch Clara Schumann[a] und Ferdinand Hiller[b] bei Stellen wie in der Romanze des *D moll*-Concertes [KV 466] von Takt 40 bis zur Wiederkehr des Hauptthemas die Partie der linken Hand etwas voller und reicher ausgestattet haben, als der Notentext vorschreibt. Ferner scheint es mir wohl angebracht zu sein, wenn man sich den grossen Umfang unserer jetzigen Flügel zu Nutze macht an Stellen, wo das fünfoktavige Clavier jener Zeit seinen Dienst versagte, während der musikalische Gedanke augenscheinlich über die Grenzen des

[a] S. oben S. 61ff.
[b] S. oben S. 60[a].

Contra-*f* oder des dreigestrichenen *f* [a] hinaus verlangt. Und endlich bekenne ich, dass ich manche der Mozart'schen Passagen, welche er für eine Hand schrieb, unter beide Hände vertheile, um sie eindringlicher, kräftiger und brillanter hervorzubringen. Robert Schumann schrieb mir einst ins Album: „Die grosse Kunst ist die Wirkung, gleichviel wie sie hervorgebracht wird", und ich meine, auf solche Fälle sei dieser, im Allgemeinen vielleicht anfechtbare Satz, gewiss anzuwenden. Es gilt wohl sicherlich gleich, mit welchem Fingersatz der Virtuose eine Passage spielt, wenn er sie nur charakteristisch und wirkungsvoll herausbringt. [...]

Schliesslich möge es mir noch verstattet sein, in Kürze darzulegen, wie ich mir die wirkungsvolle Vortragsweise eines Mozart'schen Concertes denke. Vor allen Dingen sei der Vortrag in hohem Grade temperamentvoll. Die Werke eines Feuergeistes wie Mozart dürfen nicht mit einer gewissen akademischen Würde und Gelassenheit gespielt werden, sondern es muss hie und da sprühen und blitzen, wie man an anderen Orten für zarteste Innigkeit zu sorgen hat. Die raschen Tempi dürfen zwar nicht überstürzt, aber ebensowenig in einem gewissen „tempo ordinario" genommen werden. Was ehedem mit tempo ordinario bezeichnet wurde, nannte Mozart „Andante" und es folgt daraus, dass man Mozart's Andante wiederum nicht verschleppen darf, was so häufig, leider auch in seinen Opern, geschieht. Das temperamentvolle Spiel schliesst auch einen grossen Nüancenreichthum in sich ein. Ich führe wieder einmal Vater Haydn's Worte an, welcher

---

[a] Unterster bezw. oberster Bereich des Klaviers.

sagt: „Es sollen die verschiedenen Zeichen nach ihrem Werthe wohl beachtet werden denn es ist ein sehr grosser Unterschied zwischen piano und pianissimo, forte und fortissimo, zwischen crescendo und forzando und dergleichen." Ein temperamentvoller Spieler entwickelt ferner einen vollen, blühenden Ton auf dem Instrumente, ohne den namentlich eine Mozart'sche Cantilene gar nicht denkbar ist. Aber darin besteht *nicht* das temperamentvolle Spiel, dass man diese oder jene Periode beschleunigt, eine andere wiederum verlangsamt. Wenngleich ein Mozart'scher Concertsatz ebensowenig nach dem Pendelschlage des Metronoms gespielt werden kann und darf wie irgend ein Symphoniesatz, so ist doch ein gewaltiger Unterschied zwischen dem gelinden, für den Hörer gar nicht bemerkbaren Uebergehen in ein nur um wenige Nüancen abweichendes Tempo und zwischen der jetzt selbst bei Dirigenten Mode gewordenen Manier, mit einer gewissen Ostentation *fühlbaren* Tempowechsel innerhalb eines organisch gefügten symphonischen Satzes eintreten zu lassen. *Nicht* festgefügte, *nicht* meisterlich und in einem Zuge geschaffene Werke mögen beim Vortrage der Nachhülfe mittelst Tempowechsels bedürfen, um ihren Mangel an organischem Zusammenhange zu verschminken; wendet man aber diese Art auf Meisterwerke, wie unter Anderem auf Mozart'sche Concerte an, so liefert man lediglich den Beweis, dass man die Aufgabe des Interpreten gänzlich verkennt; dieser soll Alles, was im Kunstwerke liegt, erkennen und für den Hörer klar und fasslich zur Darstellung bringen, nicht aber sich selbst hineintragen und dem Hörer durch Willkürlichkeiten zu imponiren suchen. Warum ist Joachim[a] der unantastbare Interpret klassischer Werke? Wer hat ihn je im Beethoven'schen Concerte oder in den Quartetten der Klassiker willkürlich mit dem Tempo verfahren hören? – Uebrigens haben die alten Meister ebensogut gewusst, wie ein Tempowechsel zu bezeichnen ist, wie wir. Wenn sie ihn gewollt, so, haben sie ihn vorgeschrieben, ergo: wo sie ihn nicht vorgeschrieben haben, sollen wir, wie Mozart, sich ausdrückt, „hübsch accurat im Takte bleiben." Mozart schreibt an seinen Vater: „[...] Ueber das verwundern sich Alle. Das tempo rubato in einem Adagio, dass die linke Hand nichts davon weiss, können sie gar nicht begreifen; bei ihnen giebt die linke, Hand nach." (Höchst interessant ist, dass Chopin ganz dasselbe über das tempo rubato mit folgenden Worten sagt: „Die linke Hand soll wie ein Capellmeister sein, nicht auf einen Augenblick darf sie unsicher und wankend sein.") Wenn ein Mozart so deutlich ausspricht, was er vom „nicht Takt halten" denkt, braucht es keiner ferneren Beweise und Autoritäten. Ich könnte aber auch Schumann's Worte anführen: „Spiele im Takte! Das Spiel mancher Virtuosen ist wie der Gang eines Betrunkenen." Noch erscheint es mir als eine conditio sine qua non, dass der Spieler vor allen Dingen einen überaus feinen Unterschied in Betreff des guten und schlechten Takttheils[b] mache. Cantilenen wie in der Romanze des *D moll*-Concertes [KV 466] werden allen Reiz verlieren, wenn nach dieser Beziehung nicht auf's feinste

---

[a] S. oben S. 64[b].

[b] Entspricht etwa der Hebung und Senkung eines Versmasses.

abgewogen wird. [...] Da die Mozart'schen Passagen, wenn sie nicht etwa dem Orchester gegenüber als begleitende Figuration auftreten (wie z. B. am Schlusse des ersten Satzes vom *C moll* –Concerte [KV 491]) meistentheils einen Kern umhüllen, so muss der Spieler diesen klar darzulegen suchen. Als Mittel wende man theils ein warmes Betonen, theils ein längeres Aushalten der betreffenden Töne an, ohne aber den Tönen eine längere rhythmische Dauer zu verleihen. Dergleichen aber kann man durch Notirung gar nicht vorschreiben ohne Gefahr zu laufen, dass Derjenige, der sich lediglich an die Vorschrift hält, und dem nicht die innere Stimme den Vortrag dictirt, in Manierirtheit verfällt. „Wenn ihr's nicht fühlt, ihr werdet's nicht erjagen." Aber gewiss schlagen noch manche Musikantenherzen, die Mozart nachzufühlen im Stande sind.

Leipzig, im Monate Juli, da Mozart vor hundert Jahren die Zauberflöte schrieb.

---

[1] Ein Berichterstatter aus Wien schreibt: „Mozart ist der fertigste, beste Clavierspieler, den ich je gehört habe." „Nimmermehr werde ich den himmlischen Genuss vergessen", (sagt Rochlitz) „den er auch mit theils durch den Geist seiner Compositionen, theils durch den Glanz und dann wieder durch die hinschmelzende Zartheit seines Vortrags verschaffte. Clementi sagte: „Ich hatte bis dahin Niemand so geist- und anmuthsvoll vortragen hören."

Carl Spitteler

Mozart's Klaviermusik

(Zur hundertjährigen Gedenkfeier von Mozart's Todes-
tag)

Der Baselbieter Carl Spitteler (1845-1924) ist der einzige
Schweizer Dichter, der den Literaturnobelpreis erhalten hat
(1919). Doch ist die Musik „der Urgrund, aus dem sich das
dichterische Schaffen Spittelers allmählich hervorringt"[1].
Und Spitteler selbst bezeichnet nicht nur Beethoven als sei-
nen Lehrer und Zuchtmeister[2], sondern bekennt auch:
„Wenn ich im Elysium wäre und man mir sagte, da links
stehen Goethe und Schiller, rechts Haydn, Beethoven, Mo-
zart, ich würde nicht links, sondern rechts gehen und Worte
der Liebe und des Dankes finden."[3] Und welche Worte der
Liebe und des Dankes findet er hier für Mozart!

Da einmal über dem Eingang der Künste links oben
das schöne Wort steht: „Seid alle willkommen" und
rechts daneben der Spruch: „So Ihr nicht werdet wie
diese Kindlein", wüßte ich nicht, weßhalb es einem Dilettanten verwehrt sein sollte, am Gedenktage Mozarts
seinem Herzen Luft zu machen und den Dank, der ihm
die Seele füllt, zu lösen. Ich weiß zwar nicht, ob ich
Mozart „verstehe", es ist mir sogar einerlei, ob das der
Fall ist; ich spiele auch so schlecht Klavier, als es die
Gesetze der Natur überhaupt erlauben, und glaube,
von diesem Menschenrecht so gut Gebrauch machen
zu dürfen wie irgendein Anderer. Immerhin sitze ich
täglich bei Mozart zu Gast, wenn auch zu unterst an

der Tafel; und bei so häufiger Gelegenheit vernimmt selbst der Uebelhörige dann und wann ein Wörtchen.

Die Tatsache läßt sich nicht leugnen: Mozarts Klavierkompositionen stehen beim musizirenden und tonleiternden Publikum in keinem hohen Ansehen. Als Durchgangsstufe, als Schemel für Beethoven oder als Chrestomathie[a] zu den Fingerübungen, ja; mit Vergnügen. Aber als Kompositionen von eigenem Vollwerth? Man wird ja dem nicht direkt zu widerstreiten wagen, allein während man willig jede Vollendung zugibt, muß der Staubwisch energisch in Aktion treten, wenn Einer den Mozart aus dem Klavierständer hervorholen will. Man füllt sich damit die Ohren im Zeitalter der Konfirmation, und dann basta für das ganze Leben. So steht es, wenn man die Thatsachen zeichnet, wie sie sind.

Wie gewöhnlich wirken triftige Gründe, und eitle Ursachen überein. Es läßt sich vorab nicht bestreiten, daß für den modernen Menschen ein starker Verzicht auf direkte Gemütsansprüche dazu gehört, um sich in eine Kompositionswelt zurück- (oder sagen wir lieber hinüber-) zu versetzen, welche ohne Zugabe lyrischsubjektiver Empfindung die reine, lichte Schönheit erstrebt. Es läßt sich ferner, wofern wir wahrhaft sein wollen, nicht bestreiten, daß Mozarts gesangliche Themen häufig eine Kindlichkeit aufweisen, die zwar seiner Popularität äußerst wohl bekommt, die aber nur mit dem Aufwand von großer Willenskraft noch heute ernst genommen werden kann. Es läßt sich endlich nicht mit dem Respekt wegdisputieren, daß allerlei

---

[a] Für den Unterricht bestimmte Textsammlung ausgewählter bekannter Autoren.

Motive, die im Jahrhundert der empfindsamen Flöten-süßigkeit der Welt Thränen des Entzückens entlockt haben, verdienter Maßen aus der Mode gekommen sind. Schon Jahn[a] hat es gewagt, von Mozart'scher Nachlässigkeit in der Erfindung des zweiten Themas (der Kantilene) zu reden, und seine Beobachtung wird nicht eingeschränkt, sondern erweitert werden. Die oberste und oft alleinige Rücksicht auf architektonische Proportionalität in dem damals noch jungen Sonaten-bau und auf die kunstvolle Durchführung im Mittel-stück ließen offenbar dem Meister den größeren oder geringeren Gehalt eines gesanglichen Themas nicht in dem Maße wichtig scheinen wie uns, die wir seit Beet-hoven gewohnt sind, in der Musik Gedichte zu suchen, die schon im Thema mit tiefer Innerlichkeit auszahlen.

Dem Ansehen der Mozart'schen Klavierstücke schadet auch ihre vermeintliche technische „Leichtig-keit". Hiemit hat es freilich eine eigene Bewandtniß. Gewiß haben ja unsere modernen Musikmühlen, die wir Konservatorien heißen, mit ihren auf anatomische Physiologie gegründeten Uebungssystemen eine Fin-gervirtuosität gezeugt, welche uns unwillkürlich ein Lächeln über die geringen Ansprüche des Mo-zart'schen Zeitalters an Fingerkunst entlockt. Wir wer-den nicht mehr, wie Mozart selbst that, seine Sonaten für „ungemein schwierig" erklären; seine Klavierkon-zerte, ehemals gefürchtete Virtuosenaufgaben, leiert heute jede Konservatoriumsschülerin mit der Maschine herunter, und das bestaunte Kunststück Mozarts, auf verdeckter Klaviatur blindlings zu spielen, macht ihm jetzt jeder tüchtige Klavierlehrer nach.

[a] S. unten S. 159[25].

Nur eins ist schade, daß ich noch nie von einem Dilettanten eine der „leichten" Mozart'schen Klavierkompositionen völlig untadelhaft, geschweige denn mit der erforderlichen Anmuth habe ausführen hören und daß unter unseren Konzertspielern die Mozart-Spieler so merkwürdig selten zu werden beginnen. Etwa aus allzu großer Ueberlegenheit? Nun, was die Ueberlegenheit betrifft, so zählt eine ganz einfache, ruhige Komposition Mozart's zu den bewunderungswürdigsten und bewundertsten Leistungen Rubinsteins[a], nämlich das A-Moll-Rondo [KV 511]. Einfach gesagt: Mozart ist für uns nicht leicht, sondern ungemein schwer, weil wir, was wir seit einem Jahrhundert an Fingerfertigkeit gewonnen, an Verständniß mit Zinsen verloren haben. Ohne einen klaren Einblick in den Sonatenbau, die Harmonisation und die thematische Arbeit, in Verbindung mit einer meisterhaften Unabhängigkeit der Stimmenführung, ohne eine virtuose Geschmeidigkeit der Hand vom duftigsten bis zum energischen Anschlag der Finger ist an eine befriedigende Ausführung Mozart'scher Klaviermusik gar nicht zu denken. Denn daß Mozart keine Energie des Vortrags erheische, ist einer der verhängnisvollsten Irrtümer. Wohl setzt er seine Farben dünn ein, aber sie sind meistens orchestral, als *tutti* gemeint und wollen deßhalb einen kühnen Vortrag. Seien wir also mit dem Begriffe „Leichtigkeit" etwas bescheidener!

Was für ewige Vorzüge nun Klavierkompositionen haben können, deren Themen nicht direkt zu unserm Gefühl sprechen, das klingt Manchem räthselhaft. Man

[a] S. oben S. 84[a].

gestatte mir, einen Wink in dieser Richtung zu versuchen.

Einzig unter allen Musikstücken der alten Sonatenform ist das Mozart'sche *Tempo*. Wir haben zwar heißeres Feuer und hinreißendere Stürme erlebt, einzig Mozart setzt sofort mit dem ersten Takt die Sonate in gleitende Bewegung, oder in „Fluß", eine Bewegung, die nunmehr ohne Ruck noch Erlahmung stetig anhält. Ein guter Theil, ja wohl der meiste Theil seiner Schönheiten sind Schönheiten der Bewegung, also Anmuth. Wohlverstanden nicht zierliche Anmuth, sondern die schnelle Anmuth des Taubenfluges. Der schwebende Gang der bewunderten Mozart'schen Andante setzt die Fähigkeit und die Gewohnheit eilenden Laufes voraus, wie der beseelte Schritt des Rehs die Sprungkraft.

Daß die Mozartsche Bewegung aber zugleich eine *feurige* und *kräftige* sei, das war seinen Zeitgenossen, das war auch noch den Zeitgenossen Rossini's gar wohl bewußt, während wir, die wir die Begriffe Feuer und Kraft nicht mehr von der Vorstellung gewaltthätiger Dynamik zu trennen verstehen, den Sinn für die Betätigung des Genius im Tempo verloren haben. Wir denken bei dem Namen Mozart an ein sanftes, ruhiges, etwas kindliches Temperament, während er ehemals für einen Feuergeist galt. Und die Händel, Gluck, Cimarosa waren doch auch keine Schlafmützen! Es ist unwahr, als ob die Welt seither stürmischer und heißer geworden wäre; es handelt sich vielmehr darum, daß wir jetzt das Feuer einer Komposition nach dem Rauch und nach dem Blasebalg beurtheilen; oder wenn man lieber will, daß wir mit dem Metronom heizen, statt mit der kompositorischen Eigenwärme. Die

Mozart'schen Kompositionen gehören zu den feurigsten der ganzen Musikgeschichte durch die beispiellose Stetigkeit des Tempos, welche Hindernisse überhaupt nicht aufkommen läßt, sondern dieselben vorweg schmilzt, – durch die Plötzlichkeit und Fertigkeit, mit welcher Kontrast- oder Ergänzungserfindungen auftreten, – durch die jähen Generalvergrößerungen oder Verkleinerungen der Motive und das kühne Pausensystem; Dinge, in welchen ihm einzig seine Seelenverwandten Cimarosa und Rossini gleichkommen, – endlich durch den fabelhaften Sturm der Durchführung, welche in kürzestem Zeitflug eine wahre Unsumme von Kombinationen ersten Ranges an uns vorbeiführt.

Eben in dieser Partie, der Durchführung, dem Brennpunkt der Sonate, offenbart sich auch die wunderbare *Kraft* Mozart's, und zwar in der Gestalt von Elastizität, der es gelingt, aus dem unscheinbarsten Thema binnen zwölf und vierundzwanzig Takten mit spielender Leichtigkeit die schwierigsten thematischen und harmonischen Lösungen zu entwickeln. Und niemals schlägt diese Partie fehl, und jedesmal werden von den Möglichkeiten der Lösung diejenigen gefunden, die von der Logik gefordert worden, weßhalb sie „natürlich" und „einfach" klingen, während sie doch eine horrende Kompositionstechnik von unumschränkter Allseitigkeit zur Voraussetzung haben. – Kraft nenne ich ferner die funkelnden Disharmonien, welche absichtlich den Wohllaut unterbrechen, vor allem die von Mozart bevorzugten Zugaben von Sekundenintervallen, ferner die Impetuosität der thematischen Gegenführung, in welcher Mozart überhaupt in der Sonatenform nicht seinesgleichen hat, dann in den imperatorischen Accenten seiner Passagen in den Klavierkonzerten und so weiter.

Diese Kraft tritt im Laufe der Sonate in Aktion, unterwegs, beiläufig, weshalb sie dem modernen Hörer, der vor allem auf das Thema horcht, leicht entgeht. Nur ausnahmsweise überzeugt Mozart schon anfangs durch Erfindungsgewalt; wenn das aber einmal geschieht – und es pflegt nach einer alten scharfsichtigen Beobachtung meistens in Moll-Kompositionen zu geschehen – dann erzeugt die dreifache Verbindung von thematischer Tiefe, gesanglichem, ruhig und schnellfließendem Tempo und stürmisch-feuriger Verarbeitung jene olympischen Kompositionen, die Jeder kennt und Jeder als Kunstwerke ersten Ranges verehrt. Unter den Klavierstücken gehört hiezu das D-moll-Konzert [KV 466].

Es wird wohl überflüssig sein, zu erinnern, daß nicht sowohl die Sonaten, als die stolzen, prächtigen Konzerte den Grundstock der Mozart'schen Klaviermusik bilden, und wohl der Klaviermusik überhaupt, wie anläßlich der gegenwärtigen Mozartfeier von verschiedenen Seiten wieder betont wird. Dazu kommen die wundersamen „Phantasien" mit ihren rauschenden, effektvollen und doch verhältnißmäßig harmlosen Verzierungen, und endlich jenes zauberische, duftige Juwel, das Paradigma der Anmuth, das A-moll-Rondo.

Ich hoffe, nicht mißverstanden worden zu sein. Es lag mir die unbescheidene Absicht fern, Jemand belehren zu wollen, da ich mir meiner dilettantischen Unzulänglichkeit gar wohl bewußt bin. Dagegen auf einen verachteten Quell, nachdem man aus ihm Glück getrunken, mit beiden Händen hinzuweisen, am hundertjährigen Todestage Mozarts, das hielt ich für statthaft, und da es mir zugleich Bedürfniß war, konnte ich mir's nicht versagen.

Neue Zürcher Zeitung,
Sonntag, 6. Dezember 1891

[1] Carl Spitteler: *Musikalische Essays.* Hrsg. von Willi Reich. Basel 1947, Vorwort, S. 10f.
[2] Ebda., S. 13.
[3] Ebda., Vorwort, S. 11.

Das 20. Jahrhundert

I

Marius Flothuis

Mozarts Klavierkonzerte

Eine Übersicht

Dass Mozart Aussergewöhnliches auf dem Gebiete des Klavierkonzertes geleistet hat, ist ein Faktum, das im öffentlichen Musikleben sozusagen täglich bestätigt wird. Auch die Tatsache, dass es vor allem die Konzerte aus den Jahren 1784-91 sind, die Mozarts besondere Leistung darstellen, dürfte den meisten interessierten Laien bekannt sein. Um die Bedeutung seiner Leistungen dieser Jahre richtig einzuschätzen, sollten wir uns aber auch mit den Konzerten befassen, die vorher komponiert wurden. Mozart hat bis 9. Februar 1784 immerhin acht Klavierkonzerte sowie ein Konzert für zwei und ein Konzert für drei Klaviere geschrieben. Die Reihe der von Mozart selbst „grosse Konzerte" genannten Werke umfasst dreizehn Kompositionen.

Zur richtigen Beurteilung dieser Werke ist es wünschenswert, zwei Tatsachen im Auge zu behalten:

1. Jeder Komponist benutzt beim Schaffen seiner Werke gewisse Vorbilder und Modelle, besonders wenn es sich um ein Medium handelt, das für ihn etwas Neues darstellt. Das Konzert für ein Tasteninstrument mit Orchester war ein relativ neues Phänomen zur Zeit, als Mozart sich an konzertante Werke heranmachte. Da er in Salzburg wohl kaum mit den Klavierkonzerten von Johann Sebastian Bach oder den Orgelkonzerten von Georg Friedrich Händel in Berührung kommen konnte, gilt es – wenn möglich –

festzustellen, welche Komponisten Konzerte geschrieben haben, die ihm als Modell gedient haben können.

2. Bis zur Entlassung aus dem Salzburger Dienst hat Mozart hauptsächlich Violine und Orgel gespielt: Violine als Konzertmeister des Hoforchesters ab 1769, Orgel als Domorganist nach der Rückkehr von der Reise nach Mannheim und Paris, 1779.

Die frühen Konzerte

Von den zehn Konzerten[1], die vor dem ersten „grossen" Konzert (KV 450) geschrieben wurden, steht in vier Fällen fest, dass sie zunächst nicht für den eigenen Gebrauch, sondern für andere bestimmt waren: KV 246 für die Gräfin Lützow; KV 271 für eine französische Pianistin, deren Name mal als „Jeunehomme", mal als „Jenomy" aufscheint; KV 449 für Mozarts Schülerin Barbara Ployer; und das Konzert für drei Klaviere KV 242 für Mitglieder der Familie Lodron.

{Nebenbei bemerkt: Mozart schrieb in der gleichen Periode fünf Violinkonzerte, zwei Rondos und ein Adagio für Violine, ein Konzert für zwei Violinen, eine *Symphonie concertante* für Violine und Bratsche sowie fünf konzertante Einlagen in Serenaden (KV 63, 185, 203, 204 und 250)}.

Der Komponist, der ihn sowohl in der Oper als auch in der Instrumentalmusik wohl am meisten beeinflusst hat, ist Johann Christian Bach (1735-1782). Für diese Annahme sind mehrere Gründe vorhanden: Erstens war – von seinem Vater abgesehen – Johann Christian Bach der erste bedeutende Komponist, mit dem der junge Mozart in Berührung kam; zweitens war

Bach der Autor von 19 Klavierkonzerten; drittens war er ein eifriger Propagandist des Pianoforte.

Der Einfluss, den Männer wie Schobert, Eckard und andere in Paris wirkende Komponisten auf Mozart ausgeübt haben, soll ja nicht unterschätzt werden. Aber der Aufenthalt in London dauerte wesentlich länger als die zwei Aufenthalte in Paris, und dazu kam noch, dass Johann Christian Bach eine sehr prominente Stellung innehatte. Er war ein Vertreter des „galanten Stils", was übrigens eine Berührung mit dem „empfindsamen Stil" nicht ausschliesst. Die gefällige, angenehm klingende (manchmal auch etwas oberflächliche) Melodik, die den galanten Stil kennzeichnet, findet sich vor allem in den langsamen Sätzen. Die grosse Leistung Bachs ist aber, dass er diesen Stil auf Stücke in schnellem Tempo übertrug und damit der Schöpfer des „singenden Allegro" wurde. Das hat Mozart erst in späteren Jahren übernommen; in den frühen Konzerten sind es vor allem die langsamen Sätze, die Johann Christian Bach sehr nahe stehen.

Die Klavierkonzerte, die den „grossen Konzerten" vorausgehen, lassen sich wie folgt einteilen:

1. Das Konzert D-Dur KV 175;
2. Die Konzerte B-Dur KV 238, F-Dur KV 242 (für drei Klaviere) und C-Dur KV 246;
3. Das Konzert Es-Dur KV 271 (*Jeunehomme-Konzert*);
4. Das Konzert Es-Dur KV 365 (für zwei Klaviere);
5. Die Konzerte mit fakultativer Mitwirkung der Bläser: A-Dur KV 414, F-Dur KV 413, C-Dur KV 415 und Es-Dur KV 449.

In den frühen Konzerten sind es vor allem die Hauptsätze, die zeigen, dass wir es hier mit einer Übergangsphase zwischen Barockkonzert und klassischem Konzert zu tun haben. Abgesehen von der orchestralen Einleitung (dem Ritornell), mit der jedes Konzert anfängt, sind in den ersten Allegri immer zwei Elemente der (später „klassisch" genannten) Sonatenhauptsätze vorhanden: eine Exposition, mit zwei klar voneinander unterschiedenen Themen, die zur Dominante moduliert, und eine Reprise, in der die beiden Themen wiederkehren, die Grundtonart aber bis zum Ende gewahrt wird. Das, was wir ‚Durchführung' zu nennen pflegen, steht dem Intermezzo oder der ‚Episode' des Barockkonzertes noch sehr nahe und hat in den meisten Fällen eher Fantasiecharakter, ohne thematischen oder motivischen Bezug zur Exposition.

Die Gründe für die separate Erwähnung des Konzertes KV 175 sind folgende:

Die Orchesterbesetzung umfasst zwei Oboen, zwei Hörner, zwei Trompeten, Pauken und Streicher, eine Kombination, die sonst in den Konzerten nicht vorkommt (dieser Besetzung kann nach damaligem Brauch ein Fagott hinzugefügt werden); der Klavierpart nutzt den üblichen Umfang von fünf Oktaven (F-f''') nicht aus, sondern beschränkt sich auf A-d'''; der dritte Satz ist, wie der erste, in Sonatenform geschrieben. Mozart bevorzugt für Finali in Konzerten die Rondo- oder die Variationenform und hat für spätere Aufführungen in Wien ein neues Finale komponiert (KV 382).

Die drei Konzerte KV 238, 242 und 246 weisen alle die gleiche Orchesterbesetzung auf: zwei Oboen, zwei

Hörner und Streicher, wobei zu bemerken ist, dass im zweiten Satz des Konzertes KV 238 die Oboen durch Flöten ersetzt werden – ein bescheidener Ansatz zur orchestralen Differenzierung, die Mozarts spätere Konzerte kennzeichnet. Beim Konzert KV 242 wäre noch zu bemerken, dass es zwar ein Konzert für drei Klaviere, aber auch ein Werk für ‚zweieinhalb' Pianisten ist: Die dritte Stimme, offenbar für eine Anfängerin geschrieben, nimmt in nur sehr bescheidenem Masse Anteil am musikalischen Gespräch. Mozart hat dann auch später das Konzert mit nicht allzuviel Mühe für zwei Klaviere umgearbeitet.

Auch das Es-Dur Konzert KV 271 ist für die – damals schon traditionelle – Besetzung von zwei Oboen, zwei Hörnern und Streichern geschrieben – aber das ist sozusagen das einzig ‚Normale' an diesem Werk. Nicht normal ist zum Beispiel, dass das Soloklavier im ersten Satz an vier Stellen einen Anteil am musikalischen Geschehen hat, die normalerweise dem Orchester vorbehalten sind: das erste Orchester-Tutti, das Abschlussritornell der Exposition, das Ritornell am Ende der Reprise und das Schlussritornell (nach der Kadenz).

Die Durchführung ist – zum ersten Mal in einem Mozartschen Konzert – thematisch. Der zweite Satz steht in c-Moll – auch das ein Novum in den Konzerten (nur eines der ‚Pasticcio'-Konzerte enthält einen Mittelsatz in g-Moll). Ausserdem steht dieses *Andantino* durch die mehrfache Verwendung des instrumentalen Rezitativs (im 3/4 Takt!) dem Sturm und Drang sehr nahe. Der letzte Satz, ein sehr ausführliches Rondo im alla-breve-Takt, ist dadurch bemerkenswert, dass der

‚Alternativo-Teil' nicht in der gleichen Bewegung verläuft, sondern ein *Tempo di Minuetto* in As-Dur ist.

Das zweite Thema des ersten Satzes und die Hauptthemen des zweiten und dritten Satzes basieren auf einem gemeinsamen motivischen Kern. Mit der bescheidenen Orchesterbesetzung erreicht Mozart schon besondere Effekte; so spielen im zweiten Satz die Violinen bis kurz vor Schluss mit Dämpfern, ebenso 2. Violine und Bratsche im *Tempo di Minuetto*, dort kombiniert mit Pizzicato-Spiel der 1. Violinen und Bässe. Der Klavierstil des Werkes ist mit dem der späteren Konzerte der Wiener Zeit verwandt; es gibt kein Werk Mozarts aus dieser Zeit, das so deutlich zeigt, dass die Zeit des Cembalos für ihn vorbei ist.

Das ein paar Jahre später geschriebene Konzert für zwei Klaviere steht in der gleichen Tonart, atmet aber einen ganz anderen Geist. Dass ein Konzert für zwei Spieler des gleichen Instrumentes dem ursprünglichen Charakter der Gattung als ‚show piece' nähersteht als ein Konzert für einen Spieler, wird nicht wundernehmen: Das aufregende Spiel von Behauptung und Reaktion, des Zurufens und des Übernehmens bietet sich sozusagen an. (Mozart hat übrigens mit dem Mittelsatz der *Symphonie concertante* für Violine und Bratsche bewiesen, dass er auch in einem Werk für zwei Solisten imstande war, einen höchst persönlichen Ton zu finden.)

Mozart wird bei der Komposition wohl zunächst an seine Schwester Nannerl und an sich selber gedacht haben; später spielte er es aber auch mit seiner Schülerin Josepha von Auernhammer.

Die Konzerte mit fakultativen Bläsern nehmen einen ganz besonderen Platz in Mozarts Œuvre ein. Die ersten drei hat er im Brief vom 28. Dezember 1782 an den Vater sehr feinfühlig charakterisiert:

> Die Concerten sind eben das Mittelding zwischen zu schwer, und zu leicht – sind sehr Brillant – angenehm in die ohren – Natürlich, ohne in das leere zu fallen – hie und da – können auch kenner allein satisfaction erhalten – doch so – dass die nichtkenner damit zufrieden seyn müssen, ohne zu wissen warum.

De facto bieten sich drei Aufführungsmöglichkeiten an: 1. mit ganzem Orchester; 2. mit Streichorchester; 3. mit Streichquartett. Die Bratschenstimme ist nicht in zweien geteilt, wie es sonst sowohl in Symphonien und Konzerten als auch in der Oper üblich ist; auch kommt keine Trennung zwischen Violoncello und Kontrabass vor. Nach dem Bruch mit dem Salzburger Erzbischof liess sich Mozart in Wien als freischaffender Künstler nieder. Um sich als solcher durchsetzen zu können, sah er sich genötigt, sich zunächst ganz auf das Klavier zu konzentrieren, d. h. Unterricht zu erteilen, Klavierwerke zu veröffentlichen und als Klavierspieler in „Akademien" aufzutreten. Die oben beschriebene Art der Veröffentlichung hatte den Vorteil, dass er sich von unterschiedlichen ‚Zielgruppen' einen Respons versprechen konnte.

Heutzutage möchte man kaum mehr auf die ‚fakultativen' Stimmen verzichten; beim C-Dur-Konzert [KV 415] sind es acht Bläser, wozu sich dann noch die Pauken gesellen. Gelegentlich werden aber Aufführungen als Klavierquintett wohl vorkommen. Da wiederholt von der Bedeutung Johann Christian Bachs für Mozart die Rede gewesen ist, sei hier darauf hingewiesen, dass der zweite Satz des 1782 komponierten Konzertes KV 414 mit einem Thema anfängt, das der Ouvertüre *La Calamità dei cuori* von Bach entlehnt ist. Da Bach am 1. Januar 1782 verstorben war, liegt die Annahme nahe, dass es sich hier um eine posthume Ehrung handelt.

Das Konzert in Es-Dur KV 449 (1784) steht den ‚grossen' Konzerten zwar zeitlich nahe, doch hat Mozart im Brief vom 26. Mai 1784 schon davor gewarnt, es mit diesen in einen Topf zu werfen.[a] Übrigens ist der Solopart, besonders des letzten Satzes, so schwer, dass der Gedanke an Aufführungen in Liebhaberkreisen wohl kaum eine Rolle gespielt haben wird.

Die grossen Konzerte

Mit dem nächsten Werk, B-Dur KV 450, ändert sich die Szene. Gleich zu Anfang des ersten Satzes präsentieren die sechs Bläser, nur von den Bässen[2] unterstützt, den Anfang des ersten Themas; im dritten Takt übernehmen die Streicher die Führung auf zwei Takte, und dieses Spiel wiederholt sich in den Takten 5-8. Damit ist der Grundstein gelegt, das neue Konzept des „grossen Klavierkonzertes" ist etabliert, es gibt kein Zurück. Kein Zurück – aber ein „Weiter"! Denn das nächste Konzert, D-Dur KV 451, bringt unter Einbeziehung weiterer Instrumente, nämlich Trompeten und Pauken – besonders im Finale neue Elemente. Wir wissen, dass Mozart ein leidenschaftlicher (und vermutlich auch

[a] S. oben S. 32.

guter) Tänzer war und dass in viele seiner nicht für den Tanz bestimmten Kompositionen tänzerische Elemente eingedrungen sind. Das Hauptthema des Finalrondos ist mit seinen zweimal acht, jedesmal wiederholten Takten dem Kontretanz aufs engste verwandt.

Und diese Verwandtschaft akzentuiert Mozart noch dadurch, dass er in der Coda (nach der Kadenz also) sowohl dieses als ein zweites Thema zum „deutschen Tanz" umwandelt genau wie er das Thema des Kontretanzes *La Bataille* (KV 535) im ersten der *Deutschen Tänze* KV 536 im 3/4-Takt aufscheinen lässt.

Im G-Dur-Konzert KV 453 ist es die Oper, die sich geltend macht. Im Mittelsatz des Konzertes KV 451 hatte Mozart zwar eine Stelle aus der Oper *Idomeneo* zitiert, aber das hatte keine strukturellen Folgen. Das Konzert in G-Dur aber wird von einem Thema mit Variationen (*Allegretto*) abgeschlossen, dem ein Presto mit der Aufschrift *Finale* angehängt ist. Und zwar handelt es sich um eine instrumentale Version des letzten Abschnittes der Mozartschen Buffo-Finali, der nicht mehr moduliert, sondern Motive der vorangegangenen Szenen in neuer Beleuchtung wiederholt.

Das Konzert in B-Dur KV 456 – vermutlich dasjenige, das er für die blinde Pianistin Maria Theresia Paradies[a] schrieb, die es in Paris spielen sollte – hat eine andere Beziehung zur Oper. Der Mittelsatz, ein Thema mit Variationen in g-Moll, steht nämlich thematisch in Beziehung zum Beginn der ‚Traurigkeit'-Arie der Konstanze (Nr. 10) aus *Die Entführung aus dem Serail*. Die Einleitungstakte dieser Arie sind zu einem Thema

[a] S. oben S. 34.

erweitert. Die erstaunlichste Leistung dieser Periode ist wohl das letzte Konzert dieses Jahres, dasjenige in F-Dur KV 459. Auch dieses wieder in mehreren Hinsichten ein Konzert, das aus dem Rahmen (wenn es einen gibt...) fällt. Als einziges enthält es einen ersten Satz im alla-breve-Takt; der Mittelsatz ist *Allegretto,* der dritte Satz *Molto allegro* überschrieben; es ist also klar, dass Mozart hier ungewöhnlich schnelle Tempi verlangte. Im ersten Satz kommen dementsprechend fast keine Figurationen in 16teln vor, sondern hauptsächlich in Achteltriolen. Aber was dieses Konzert von allen anderen unterscheidet, ist ein höchst originelles Rondo. Das Hauptthema ist ein fast buffo-artiges von zweimal acht, jeweils wiederholten Takten. Schon nach dessen Exposition, ab Takt 33, folgt ein ausführliches Tutti-Ritornell, das in bescheidenem Masse die Errungenschaften der Begegnung mit der instrumentalen Musik Johann Sebastian Bachs verwertet.

Aber nicht genug damit: Im Alternativo wird eine Variante des (rein periodischen) Hauptthemas zusammen mit dem nicht-periodischen Material aus dem ersten Ritornell kontrapunktisch verarbeitet; eine Leistung, die derjenigen des Finale des Quartetts in G-Dur KV 387 gleichkommt und höchstens – wenn überhaupt – vom Finale der C-Dur-Symphonie (KV 551 *Jupiter*) übertroffen wird.

Mit den Konzerten der Jahre 1785 und 1786 setzt eine neue Phase in Mozarts Konzertschaffen ein. Die Konzerte in d-Moll KV 466 und C-Dur KV 467 möchte ich als die ersten ‚sinfonischen' Konzerte bezeichnen. Der Begriff soll indessen nicht im Sinne des 19. Jahrhunderts gedeutet werden. Der für Konzerte eines

Litolff[a] und eines Brahms zutreffende Begriff bezieht sich nämlich in der Hauptsache auf die aus der Symphonie auf das Konzert übertragene Viersätzigkeit. Bei Mozart handelt es sich um einen Wandel in der Funktion des Orchesters, der sich schon im F-Dur-Konzert anbahnt.

Dieser Wandel zeigt sich nicht in erster Linie in der Besetzung, denn schon das Konzert in D-Dur KV 451 war für das Ensemble geschrieben, das auch für KV 466 und 467 erforderlich ist. Vielmehr sind es die Dichte des Orchestersatzes sowie die grössere strukturelle Bedeutung der Ritornelle, die den Unterschied ausmachen. Konnte Mozart den 1. Satz des Konzertes KV 451 noch mit einem achttaktigen Ritornell abschliessen, so sind es in KV 466 32, in KV 467 21 Takte.

Der emotionale Schwerpunkt liegt in den Konzerten immer mehr auf dem langsamen Satz, und es ist gewiss nicht ohne Bedeutung, dass nach dem Konzert KV 453 kein einziger Mittelsatz dem Spieler noch Gelegenheit zu eigenem Zusatz gibt: Fermaten, die eine Kadenz verlangen, gibt es nur noch in den schnellen Sätzen, in mehreren Fällen sogar nur im ersten Satz.

Die völlige Gleichberechtigung der drei Beteiligten – Klavier, Streicher und Bläser – zeigt sich besonders im zweiten Satz des d-Moll-Konzertes [KV 466]: dessen Mittelteil ist dem Klavier und sieben Bläsern anvertraut, die Streicher setzen nur gelegentlich einen Akzent auf den ersten Taktteil.

---

[a] Henry Litolff (1818-1891), französischer Komponist und Pianist. Er schrieb vier Klavierkonzerte, die er „concertos symphoniques" nannte und die auch als Sinfonien mit obligatem Klavier bezeichnet werden können.

Die nächsten drei Konzerte, die den Jahren 1785 und 1786 angehören, unterscheiden sich von ihren Vorgängern vor allem durch die Orchesterbesetzung, in der nämlich zum ersten Mal die Klarinetten mitwirken. In den Konzerten in Es-Dur KV 482 und A-Dur KV 488 spielen keine Oboen, sondern nur Klarinetten, im Konzert c-Moll KV 491 werden sowohl Oboen als auch Klarinetten verlangt. Im A-Dur-Konzert hatte Mozart anfänglich noch Oboen vorgesehen, sich aber nach zehn Takten ‚korrigiert‘ und die Oboen durch Klarinetten ersetzt.[a] Besonders in Spätwerken sind Tonart und Instrumentenwahl oft eng miteinander verbunden: Es-Dur ist eine Tonart, in der sehr häufig Klarinetten verwendet werden (oft zusammen mit Flöten oder Oboen), während in G-Dur Klarinetten nur vereinzelt vorkommen; Flöten, Oboen und Fagotte sind die für diese Tonart typischen Instrumente.[3]

Von den drei ‚Klarinetten‘-Konzerten setzen KV 482 und 491 das Prinzip des sinfonischen Konzertes fort; das A-Dur-Konzert schliesst sich eher dem Typus der Konzerte des Jahres 1784 an. Die Berührung mit der Oper zeigt sich hier im Finale, dessen ausführliche Coda dem Abschluss eines Buffo-Finales sehr ähnlich ist. Im Gegensatz zum Konzert G-Dur KV 453 ist hier diese Coda ganz integriert: Von einem neuen Tempo ist keine Rede, ebensowenig von neuen Motiven; das ganze Finale wird in *einem* Tempo (*Allegro assai*) gespielt.

Ein sehr auffälliges Merkmal dieser drei Konzerte ist die häufige Verwendung der Moll-Tonart: In KV 482 und 488 sind es die Mittelsätze, die in der

---

[a] S. dazu auch unten S. 186.

parallelen Moll-Tonart stehen, im Konzert KV 491 die beiden Ecksätze; dieses ist übrigens auch das einzige Konzert Mozarts, das in der Moll-Grundtonart abgeschlossen wird. Der sinfonische Charakter dieses Konzertes geht vor allem aus der ungewöhnlich grossen Orchesterbesetzung hervor. Beim Es-Dur-Konzert tritt es in anderer Weise zutage. Der Mittelsatz ist nämlich ein Variationensatz mit zwei Intermezzi, so dass eine Verquickung von Variationen und Rondo entsteht. Da das Hauptthema sowie die beiden Intermezzi vom Orchester allein vorgetragen werden, tritt in fast der Hälfte des Stückes das Klavier nicht solistisch hervor.

Schliesslich sei noch darauf hingewiesen, dass in diesem Konzert nicht nur den Holzbläsern, sondern auch den Hörnern eine solistische Rolle zugeteilt ist, wobei Mozart sogar des öfteren von den ‚künstlichen‘ Tönen Gebrauch macht. Dass Mozart im 3. Satz die Idee, das schnelle Rondo durch einen Satz in langsamerem Tempo zu unterbrechen, wieder aufgreift, darf wohl als ein Hinweis gelten, dass er auch selber das *Jeunehomme-Konzert* als etwas Besonderes angesehen hat. War es dort ein *Tempo di Minuetto* in As-Dur, wird hier der rasche 6/8-Takt von einem *Andantino*, ebenfalls in As-Dur, abgelöst.

Das C-Dur-Konzert KV 503, das etwa einen Monat vor der Reise nach Prag vollendet wurde, schliesst die Reihe der ‚grossen‘ Konzerte in würdiger Weise ab. ‚Gross‘ ist es nicht nur im Mozartschen Sinne (wegen der Beteiligung der obligaten Bläser), sondern auch dem Charakter nach: Der erste Satz ist ein *Allegro maestoso* von nicht weniger als 432 Takten! Es enthält drei Themen, von denen zwei im Orchesterritornell aufscheinen, ein drittes in der Soloexposition; in der Durchführung kommt nur das zweite der Orchesterthemen zur Geltung, in der Reprise sind schliesslich alle drei Themen vertreten. Wiederum ist es Mozart gelungen, dem Prinzip des Konzertes eine neue Gestalt (und einen neuen Inhalt) zu geben.

Die Nachzügler

Die beiden Konzerte, die Mozart 1788 und Anfang 1791 schrieb, sind mit den vorangegangenen Werken nicht leicht in Beziehung zu setzen. Das D-Dur-Konzert KV 537, das Mozart 1788 komponierte und am 15. Oktober 1790 in Frankfurt während der Krönungsfeierlichkeiten gespielt hat, wird aus diesem Grund *Krönungskonzert* genannt. Im eigenen Verzeichnis notierte Mozart nach der Besetzungsangabe „ad libitum"; es ist jedoch nicht ganz klar, ob sich diese Bemerkung nur auf Trompeten und Pauken bezieht oder auf den ganzen Bläsersatz. Letzteres dürfte insofern wahrscheinlicher sein, als Mozart die Worte „2 Violini Viola e Basso" unterstrichen und demgemäss den „Basso" nicht wie sonst erst am Ende vermerkt hat. Tatsächlich spielen die Bläser im ersten und zweiten Satz eine bescheidene Rolle; erst im dritten treten sie etwas selbständiger hervor. Das Schlussrondo ist übrigens auch in harmonischer Hinsicht der interessanteste Satz.

Vom sinfonischen Prinzip, das mit dem d-Moll-Konzert KV 466 inauguriert und in mehreren Konzerten fortgesetzt wurde, fehlt hier jede Spur. Das Werk ist vor allem auf Glanz und Virtuosität ausgerichtet und ähnelt einigermassen der Sonate für zwei Klaviere KV 448; mehr auf jeden Fall als dem D-Dur-Konzert

KV 451, das „ganz mit blasenden Instrumenten obligiert" ist. Diese beiden Werke bieten sich schon der Tonart wegen zum Vergleich an.

Mozarts letztes Konzert, B-Dur KV 595, ist wieder, was die Behandlung der Blasinstrumente betrifft, ein ‚grosses' Konzert, doch ist es noch intimer, noch kammermusikalischer als die früheren. Es ist einerseits ein Werk von erstaunlicher Reife, was schon allein die überraschende Harmonik des ersten Satzes (wieder ein Beispiel des „Zu-Ende-Denkens") zeigt; gleichzeitig spürt man an mehreren Stellen eine Art von Melancholie, so dass man fast verführt wird anzunehmen, dass der Meister seinen früheren Erfolgen als Pianist/Komponist nachtrauert; er spielte das Konzert am 4. März 1791, und zwar in einem nicht von ihm, sondern vom Klarinettisten Josef Beer (oder Bähr) veranstalteten Konzert.

Die Überlieferung beider Konzerte (KV 537 und 595) weist merkwürdige Merkmale auf. Im D-Dur-Konzert sind manche Begleitungsfiguren in der Solostimme nur fragmentarisch aufgeschrieben (ebenso wie später in den Beethovenschen Konzerten). Im B-Dur-Konzert hat Mozart im 1. Orchestertutti durch einen Hinweis angegeben, dass sieben Takte, die nach der Kadenz einsetzen, auch hier eingefügt werden sollen. Da dieser Hinweis in der alten Mozart-Ausgabe nicht berücksichtigt wurde, ist das Konzert jahrzehntelang in einer unkorrekten Form gespielt worden.

Zusammenfassung

Mozart hat sich die Schreibart für Klavier und Orchester zunächst auf dem Wege der Bearbeitung von Werken seiner Zeitgenossen erworben. Die ersten selbständigen Konzerte aus den Jahren 1773 – 1779 stehen dem galanten Stil des von ihm verehrten Meisters Johann Christian Bach sehr nahe. In den ersten Wiener Jahren versuchte er mittels Konzerten mit fakultativen Bläserstimmen sich bei einem grossen Publikum durchzusetzen. Mit den von ihm selbst als „grosse Konzerte" bezeichneten Werken der Jahre 1784 - 1791 schuf er einen völlig neuen Konzertstil, in dem die drei Komponenten – das Soloklavier, das Streichorchester und die Blasinstrumente – völlig gleichberechtigt zusammenwirken.

[1] Dem ersten Konzert gehen vier Konzerte voraus, die Umgestaltungen von Sonatensätzen anderer Komponisten sind (die sogenannten ‚Pasticcio'-Konzerte [KV 37 und 39-41]) sowie drei Konzerte nach Sonaten von Johann Christian Bach [KV 107] – ein Beweis, dass das Komponieren von Klavierkonzerten Mozart nicht leicht von der Hand ging.

[2] Damit ist in diesem Text immer gemeint: *Violoncelli* und *Contrabassi*.

[3] S. dazu Uri Toeplitz: *Die Holzbläser in der Musik Mozarts und ihr Verhältnis zur Tonartwahl*. Baden-Baden 1978.

Charles Rosen

„Col basso"?[a]

Das Gefühl für Drama wurde der Epoche überhaupt immer wichtiger. Das lässt sich an einem Detail in der Entwicklung des Klavierkonzerts vor Mozarts Reifezeit erkennen. Zwischen 1750 und 1775 war eine bezifferte bzw. Continuobegleitung auf dem Tasteninstrument in den reinen Orchesterabschnitten oder Ritornelli manchmal harmonisch notwendig. Aber man war sich auch klar darüber, dass der Solist in seiner Begleiterrolle dem dramatischen Effekt des Soloeinsatzes schadete. Um den Gegensatz zwischen Orchester- und Solopassagen zu verstärken, setzte die Continuostimme einige Takte vor dem Einsatz des Solisten aus. [...]

Mozart macht sich nie die Mühe, seine Soloeinsätze auf diese Weise hervorzuheben. Wenn wir tatsächlich glaubten, was uns hie und da nahegelegt wird, dass er nämlich das Soloinstrument auch weiterhin im Tutti verwendete, so würde das bedeuten, dass die Kleinmeister der vorhergehenden Epoche grösseres Interesse am dramatischen Effekt des Solos zeigten als Mozart. Diese Schlussfolgerung ist offensichtlich schwer zu akzeptieren. Mozart machte vielmehr den Solisten in seinen Konzerten noch mehr zu einer Art Opernhelden als seine Vorgänger und arbeitete die Dramatik der Konzertform auf vielfältigste Weise heraus. Ihre Ableitung aus der Arie war für Mozart mehr als eine historische Tatsache, sie hinterliess lebendige Spuren.

[a] Titel vom Herausgeber.

Nichtsdestoweniger sind die Belege für eine Continuorolle des Klaviers in Mozarts Konzerten nach 1775 recht ansprechend. Es handelt sich um folgendes: (1) Die Handschriften der Konzerte zeigen deutlich, dass Mozart fast immer, wenn das Klavier nicht solistisch tätig ist, „col basso" in den Klavierpart eintrug (oder tatsächlich die Bassstimme in den Klavierpart hineinkopierte). (2) Die im 18. Jahrhundert, zumeist nicht zu Mozarts Lebzeiten veröffentlichten Ausgaben der Konzerte geben dem Klavier für die Tutti-Abschnitte einen bezifferten Bass. (3) Wir besitzen eine Continuoaussetzung in Mozarts Hand für das Konzert C-Dur KV 246 aus dem Jahr 1776; zudem enthalten einige Handschriften der frühen, durchsichtig orchestrierten Konzerte Bassbezifferungen in Leopold Mozarts Hand. (4) Die Artaria-Ausgabe[a] von KV 415, eine der wenigen vor Mozarts Tod gedruckten Ausgaben, enthält einen bezifferten Bass für die Tutti-Abschnitte, der nicht nur reich bezeichnet ist, sondern auch sorgfältig zwischen Abschnitten reiner Bassverdopplung und solchen mit voller Akkordbegleitung unterscheidet. Aufgrund ihrer sorgfältigen Ausarbeitung hat man gemutmasst[1], dass die gewöhnlich vom Verleger hinzugefügte Bassbezifferung in diesem Fall wohl von Mozart selbst sei.

Der letztgenannte Beleg kann ohne weiteres als erledigt gelten. So reich die Bassbezifferung von KV 415 in der Ausgabe von 1785 auch ausgestattet sein mag, sie kann nicht von Mozart sein. Sie steckt voller Fehler, und zwar Fehler, die Mozart niemals unterlaufen und die auch nicht als Druckfehler passieren könnten. Den

---

[a] S. oben S. 29.

bezifferten Bass hat der Verleger von einem Schreiber-
ling anfertigen lassen.

Wir müssen uns an die Aufführungsbedingungen
im späten 18. Jahrhundert erinnern. Niemand spielte
auswendig, und eine vollständige Partitur wäre am
Klavier hinderlich gewesen. Selbst der Dirigent hatte
damals nicht immer eine Partitur vor sich, häufig wurde nur die erste Violinstimme benutzt. Dem Pianisten
diente die Cellostimme zur Orientierung, und diese
Tradition geht auf die Zeit zurück, als er tatsächlich
den Continuo zu spielen hatte. Selbst Chopins Konzerte wurden mit einer Continuostimme veröffentlicht.
Das Fortleben einer altertümlichen Notierungsweise
wirft tatsächlich ein paar Textprobleme auf. Es gibt in
Konzerten von Beethoven und Chopin am Anfang
bzw. am Ende von Phrasen Noten, bei denen man
nicht ganz sicher sein kann, ob sie zum Solopart gehören und demzufolge gespielt werden müssen, oder zur
Continuostimme, was sie dann zu Kustoden oder zu
einer Aufführungshilfe macht. In den Konzerten von
Mozart gibt es keine Stelle, die durch eine zusätzliche
Note harmonisch gefüllt werden müsste oder die von
der Textur her eine Kontinuität erfordert, die nur das
ständige Mitgehen eines bezifferten Basses vermitteln
könnte. In weltlicher Musik starb das Continuospiel in
der zweiten Hälfte des 18. Jahrhunderts allmählich aus,
und alles an Haydns und Mozarts Musik verrät, dass
es um 1775 musikalisch, wenn vielleicht auch nicht
praktisch, schon tot war. Der rein notationsmässige
Aspekt des als Gedächtnishilfe verwendeten Continuos
findet sein Analogon in der Partitur von Mozarts
Klarinettenkonzert. In entschiedenem Gegensatz zu
allem, was wir über Mozarts Empfindlichkeit und Takt

hinsichtlich der Verdopplung von Streicherstimmen durch Bläser wissen, müssten wir glauben, dass die Klarinette, sofern sie nicht solistisch auftritt, unentwegt die erste Violine verdoppelt. Diese Verdopplung ist natürlich nichts weiter als eine Orientierungshilfe[2].

Aufführungen waren im 18. Jahrhundert keine so formelle Angelegenheit wie heutzutage, und man verhielt sich dem Text gegenüber sehr viel sorgloser. (Wenn Haydn in seinem Brief über die Pariser Symphonien verlauten lässt, wenigstens eine Probe wäre vor der Aufführung doch anzuraten, so erhalten wir eine Vorstellung von der damaligen Wirklichkeit.) Hat der Pianist also, wenn nicht die gesamte Continuostimme, so doch einen Teil davon gespielt? Wenn der Pianist vom Klavier aus dirigierte, so schlug er Akkorde an, um das Orchester zusammenzuhalten und möglicherweise, um an lauten Stellen ein bisschen zusätzlichen Klang hinzuzufügen. Es gibt eine weit zurückreichende Pianistentradition, in einem Konzert die letzten Akkorde zusammen mit dem Orchester zu spielen. Ob sie bis auf Mozarts Zeiten zurückgeht, vermag ich nicht zu sagen. Eine Tradition kann ebenso falsch sein wie eine Neuerung, doch sieht es zweifellos besser aus, wenn sich der Pianist nicht schon taktelang vor dem übrigen Orchester zurücklehnt. Das Klavier des 18. Jahrhunderts war klanglich so schwach, dass der Pianist, selbst wenn er den Continuo teilweise spielte, ohnehin höchstens von den Orchestermitgliedern zu hören war, es sei denn, er hätte versucht, sehr laut zu spielen. Es gibt aber nicht den geringsten musikalischen oder musikhistorischen Grund zu der Annahme, der Continuo wäre im 18. Jahrhundert jemals anders als diskret ausgeführt worden. Mit dem zunehmenden

Umfang des Konzertorchesters wurde die Continuostimme nicht allein überflüssig, sondern absurd. Vom
Gesichtspunkt der heutigen Aufführungspraxis ist
nichts dagegen einzuwenden, dass der Pianist den bezifferten Bass spielt, vorausgesetzt man kann ihn nicht
hören.

Die durchsichtiger instrumentierten Konzerte wurden allerdings noch auf andere Weise aufgeführt, nämlich zu Hause mit einem Streichquintett. Mozart ent-
schuldigte sich bei seinem Vater dafür, dass er ihm die
Handschriften einiger neuer Konzerte nicht übersende,
weil er glaube, „dass sie wenig gebrauch davon werden machen können, indemme [...] 3 ganz mit blasinstrumenten obligirt sind, und sie selten dergleichen
Musique machen"[3]. Die Bezifferung in Leopold Mo
zarts Hand wurde also nur für Privataufführungen
derjenigen Konzerte verwendet, die auch ohne Bläser
auskommen, wobei das Tasteninstrument dann sicher
den Streicherklang ausfüllte. Mozart hätte die Bezifferung ja nicht gebraucht – und Leopold konnte sie nur
zu Hause verwenden.

Dafür erbringt die von Mozart geschriebene Continuostimme von KV 246 einen noch stärkeren Beweis.
Das Klavier begleitet in den Ecksätzen das Orchester
ausschliesslich an Forte-Stellen und – was am auffäl-
ligsten ist – im Andante verdoppelt es die Melodie nur
einmal, in Takt 9-12. Bezeichnenderweise ist es die
einzige Stelle im ganzen Konzert, an der die Bläser ohne Unterstützung der Streicher die Melodie tragen.
Diese Aussetzung war ganz gewiss für eine Aufführung ohne Bläser, höchstwahrscheinlich für Streichquintett, bestimmt. Dieser einmalige Beleg in Mozarts

Handschrift hat also überhaupt keine Bedeutung für öffentliche Aufführungen seiner Konzerte.

Die Continuoangabe in Mozarts Konzerten sollte man im Zusammenhang mit dem Beweismaterial für Klavierstimmen in den späten Haydn-Symphonien sehen. Haydn dirigierte die Uraufführung der Londoner Symphonien vom Klavier aus, ja für das Ende der Symphonie Nr. 98 ist uns sogar ein kleines, elf Takte langes Klaviersolo überliefert. Trotzdem ist es in dem halben Dutzend Ausgaben der Symphonie, die zu Haydns Lebzeiten erschienen, ausgelassen. Es findet sich nur in einer nach seinem Tode publizierten Ausgabe sowie in Bearbeitungen für Klavierquintett bzw. Klaviertrio, wobei es in einer dieser Bearbeitungen der Violine übergeben wird. Wenn man diese elf ad libitum-Takte für Klavier der immensen Fülle von Solopartien für alle anderen Instrumente in Haydns Symphonien entgegenhält, so existieren sie nur als ein Beispiel für Haydns Humor. Bei der Uraufführung teilten sich der Konzertmeister Salomon und der Komponist am Klavier in die Aufgabe, das Orchester zusammenzuhalten. Es muss entzückend gewesen sein, am Ende der Symphonie ein Solo von einem Instrument zu hören, dessen musikalische Bedeutung bis dahin nicht grösser war als die eines Souffleurs in der Oper. Der Charme dieser Stelle besteht nicht darin, dass das Klavier in symphonischen Werken benutzt wurde, sondern dass es bis auf diese elf Takte zu sehen, aber nicht zu hören war. (Der Witz ginge bei einer modernen Aufführung völlig verloren, und doch ist der Klang dieses kleinen Klaviersolos so bezaubernd, dass man es nur ungern weglässt.) Das Tasteninstrument hatte damals schon längst die Aufgabe verloren, die

Harmonien auszufüllen[4], und wurde allmählich auch nicht mehr dazu benötigt, das Ensemble zusammenzuhalten.

Schliesslich ist zu bemerken, dass Mozart die Anweisung „col basso" in den Manuskripten der Konzerte völlig mechanisch gesetzt hat. Die Fürsprecher eines nicht nur zu sehenden, sondern auch zu hörenden bezifferten Basses messen der Tatsache grosse Bedeutung bei, dass Mozart manchmal in den Tuttistellen Pausen für den Klavierpart einträgt. Aber diese Pausen besitzen überhaupt keine musikalische Bedeutung: sie werden fast ausnahmslos nur dann hinzugefügt, wenn das Cello aussetzt. Sie dienten dem Kopisten zur Orientierung und sind keine Richtlinie für den Interpreten. Wann immer das Klavier pausierte, wurde die Cellostimme (und nichts weiter) im Klavierpart angegeben, so wie sie ja auch in der Orgelstimme von Beethovens *Missa solemnis* gleichzeitig mit dem Hinweis „senza organo" abgedruckt ist. Warum machte man sich überhaupt die Mühe, sie zu drucken? Einfach weil der Klavierist mindestens hundertfünfzig Jahre lang immer den Cellopart vor sich gehabt hatte und er ihm die Orientierung erleichterte[5]. [...] Das Klimpern eines Cembalos oder eines Fortepiano aus dem späten 18. Jahrhundert klingt innerhalb einer Haydn-Symphonie ganz nett, aber es hat über seinen angenehmen Klangwert hinaus keinerlei Bedeutung für die Musik. Dass Haydn und Mozart sich nichts Besseres einfallen liessen, um ein Orchester zu dirigieren, stellt sie in eine Reihe mit allen übrigen ausübenden Musikern ihrer Zeit, deren Aufführungskonzept noch hinter dem radikalen Stilwandel herhinkte, der seit 1770 und gerade durch das Eingreifen von Haydn und Mozart selbst im Gange war. Damit erhebt sich die Frage: Weiss der Komponist, wie sein Stück klingen soll?

Das ist ein heikles Problem, das ins Zentrum unserer Musikauffassung trifft. Wenn Musik mehr ist als beschriebenes Notenpapier, dann ist die klangliche Realisierung von zentraler Bedeutung. Die ideale Aufführung, so nimmt man gewöhnlich an, ist diejenige, die der Komponist sich beim Komponieren vorstellte. Diese gedachte Idealaufführung ist das eigentliche Werk, nicht die Noten auf dem Papier und auch nicht die falschen Noten in einer wirklichen Aufführung. Diese Annahme hält jedoch einer genaueren Prüfung nicht stand. Weder die vorgestellte, noch die tatsächliche Aufführung, noch auch die schematische Darstellung auf dem Papier kann einfach mit einem Musikstück gleichgesetzt werden.

Stellen wir es einmal so einfach wie möglich dar: Wenn um 1790 ein Dirigent vom Klavier aus dirigierte, unterbrach er, wie wir durch zeitgenössische Berichte wissen, oftmals sein Spiel, um Winke mit den Händen zu geben. Wann er das tat, können wir nicht wissen, jedenfalls spielte er nicht ununterbrochen. In Haydns klanglicher Vorstellung müssen seine Symphonien immer einen gewissen Anteil von Klavier- oder Cembaloklang besessen haben, aber nirgendwo setzt er ihn als nötig oder wünschenswert voraus – ausser in dem kleinen Witz in Symphonie Nr. 98.

Das bedeutet, dass des Komponisten Vorstellung von seinem Werk zugleich genau und etwas unscharf ist. Und so soll es auch sein. Was könnte genauer umschrieben sein, als eine Haydn-Symphonie mit ihren deutlich gezeichneten Umrissen und ihren klaren und immer hörbaren Details? Aber wenn Haydn eine Note für die Klarinette schrieb, so bezeichnet das nicht einen spezifischen Klang – es gibt schliesslich viele Klarinetten und viele Klarinettisten, die alle ganz verschieden klingen –, sondern einen grossen Klangbereich innerhalb sehr klar gezogener Grenzen. Komponieren heisst die Grenzen festsetzen, innerhalb derer sich der Interpret frei bewegen darf. Aber die Freiheit des Interpreten ist noch auf andere Weise eingeschränkt oder sollte es jedenfalls sein. Die vom Komponisten gesetzten Grenzen gehören zu einem in vieler Hinsicht sprachähnlichen System, das wie die Sprache Ordnung, Syntax und Sinn besitzt. Der Interpret arbeitet diesen Sinn heraus und macht seine Bedeutung nicht nur klar, sondern nahezu greifbar. Warum sollen wir annehmen, dass der Komponist oder seine Zeitgenossen immer am besten wussten, wie man dem Zuhörer diese Bedeutung begreiflich machen kann?

Neue Kompositionsweisen gehen neuen Musizierweisen voraus, und oft vergehen zehn bis zwanzig Jahre, ehe die Musiker es lernen, ihren persönlichen Stil zu ändern und sich anzupassen. Die Verwendung eines Continuos im Klavierkonzert war um 1775 ein Überrest aus der Vergangenheit, dessen sich die Musik dann von selbst entledigte. Der bezifferte Bass war damals, so können wir annehmen, nur noch eine konventionelle Notierungsweise, die dem Solisten und dem Dirigenten während der Aufführung die Partitur ersetzte, oder allenfalls ein probates, aber musikalisch belangloses Mittel, das Orchester zusammenzuhalten. Wenn zuweilen Empörung darüber laut wird, dass der bezifferte Bass in Aufführungen oder Ausgaben weggelassen wird, so ist das historisch ungerechtfertigt und musikalisch unbegründet.

Der Dirigent an der Pariser Oper machte beim Taktieren – er schlug mit einer Rolle Notenpapier auf ein Pult – einen derartigen Lärm, dass einem, wie Rousseau 1767 klagt, der Musikgenuss vergällt wurde. Dass ein Tasteninstrument in einer nach 1775 komponierten Symphonie oder den Orchesterabschnitten eines Konzerts hörbar auftrat, war gewiss weniger ärgerlich, aber in bezug auf Authentizität und musikalischen Wert ist es dasselbe.

Das Wichtigste an der Konzertform ist, dass das Publikum den Einsatz des Solisten erwartet und, sobald er mit dem Spielen aussetzt, schon auf den nächsten wartet. Wenn es nach 1775 überhaupt so etwas wie eine Konzertform gibt, so ist das ihre Grundlage. Deshalb ist das Konzert so sehr eng mit der Opernarie verschwistert. Eine Arie wie „Martern aller Arten" aus der *Entführung* ist geradezu ein Konzert für Soloinstrumente, wobei der Sopran nur der wichtigste Solist innerhalb einer konzertierenden Gruppe ist. Die Verwandtschaft war wohl nie enger als am Ende des 18. Jahrhunderts, denn das Zeitalter der Klassik hatte es unternommen, das Konzert zu dramatisieren – und zwar auch gerade im wörtlichen, im szenischen Sinn: man konnte es daran sehen, dass der Solist sich vom Orchester abhob. [...]

In jedem Mozart-Konzert seit 1776 ist der Einsatz des Solisten ein dem Auftritt einer neuen Person auf der Bühne vergleichbares Ereignis, und dieses Ereignis wird mit einer verwirrenden Fülle von Stilmitteln hervorgehoben, betont und abschattiert. Es sei bemerkt, dass die Absonderung des Solisten vom Ripieno keine Mozartsche Erfindung war, sondern sich allmählich im

Laufe des Jahrhunderts als Teil der allgemeinen Evolution der gegliederten Form und als Konsequenz der Vorliebe für Klarheit und Dramatik vollzog. Aber unter allen Komponisten vor Beethoven hat nur Mozart die Implikationen dieses dynamischen Kontrasts zwischen Solist und Orchester sowie sein formales und koloristisches Potential verstanden. Selbst Haydn blieb weitgehend der Vorstellung vom Solisten als einem abtrennbaren Orchestermitglied verhaftet.

1   Hans F. Redlich: Einleitung zur Eulenburg-Ausgabe der Partitur, 1954.

2   In Haydns *Missa in tempore belli* enthält die Orgelstimme an den Stellen, wo die Orgel pausiert (und Haydn „Senza Org." einträgt), den Bass mit der Bezifferung. Diese Bezifferungen sind nichts weiter als Kustoden, sei es für den Organisten oder, falls das Werk nicht von einer vollen Partitur, sondern von der Bassstimme aus dirigiert wurde, für den Dirigenten.

3   Brief vom 15. Mai 1784; s. *Briefe* III, S. 314.

4   Selbst in den frühen Haydn-Symphonien besteht der stilistische Beweis für die Continuoverwendung nur in einer für Haydn überhaupt typischen, dünnstimmigen Satzweise, an der er, wie die späten Quartette zeigen, bis ans Ende seines Lebens Gefallen fand.

5   Zu welchen Exzessen die Befürworter der Continuorolle des Solisten zuweilen getrieben werden, um ihre Theorie zu retten, ist geradezu amüsant. In Takt 88–89 des Konzerts d-Moll KV 466 notierte Mozart vier tiefe, die Pauken verdoppelnde Noten und ein paar Akkorde zwei Oktaven höher für die linke Hand, während die rechte allerlei flinkes Passagenwerk ausführt. Da keine Hand eine Spanne von drei Oktaven besitzt, haben diese Takte recht phantasievolle Erklärungen gezeitigt. Ein zweites Klavier für die tiefen Töne des Continuo oder aber die Verwendung eines Pedalflügels (den Mozart tatsächlich einmal besass) sind postuliert worden. Es erscheint jedoch wahrscheinlicher, dass Mozart zunächst die tiefen Noten schrieb, dann seine Meinung änderte und die Akkorde notierte, ohne die erste Fassung auszustreichen. Zumindest zeigt dieser Abschnitt, dass Mozart es in Noten niederschrieb, wenn er die Ausfüllung der Harmonien durch den Solisten wünschte.

Dominik Sackmann

Wolfgang Amadeus Mozarts eigene Kadenzen zu seinen Klavierkonzerten

Von keinem anderen Komponisten des 18. Jahrhunderts ist ein derart umfangreicher und gleichzeitig stilistisch so geschlossener Bestand an Kadenzen erhalten wie von Wolfgang Amadeus Mozart. Einschränkend muss jedoch vorausgeschickt sein, dass es sich dabei nur um Kadenzen zu Klavierkonzerten handelt. Für alle übrigen Solokonzerte für Blas- resp. Streichinstrumente ist keine einzige Kadenz von Mozarts Hand bekannt. Allein zu den Kopfsätzen der Klavierkonzerte sind 25 Kadenzen erhalten, für manche Konzerte zwei oder sogar drei. Weil Kadenzen gerade zu den meistgespielten Konzerten, darunter die beiden Moll-Konzerte, fehlen[1], haben sich die Pianisten seit Mozarts Zeit besonders eifrig für die erhaltenen Pseudo-Improvisationen interessiert, um daraus Kriterien für die Konzeption von Ersatzkadenzen zu gewinnen.

Es ist ein schwacher Trost zu wissen, dass auch zu diesen Konzerten einst originale Kadenzen vorhanden waren. Dies geht eindeutig aus einem Hinweis im Brief von Leopold Mozart an seine Tochter Nannerl vom 8. April 1785 hervor, der zumindest die beiden Konzerte KV 466 und 467 betrifft: „Ich werde 2 neue Concerte, dann alle Cadenzen mit bringen, habe alles schon in Händen"[2]. Aus der Verbreitung der überlieferten Quellen lässt sich zweifelsfrei erschliessen, dass Mozart die Kadenzen in erster Linie für sich selbst, in zweiter für seine Schwester Nannerl schrieb[3]. Dank seinen

Erfahrungen mit der Oper und verschiedenen Instrumentalgattungen prägte Mozart einen völlig neuen Typus des Klavierkonzerts, in dem Verlaufsform und Motivreichtum eine klassische Synthese eingingen. Dadurch wurden sämtliche Konzerte seiner Zeitgenossen weit in den Schatten gestellt. Mozart war sich dieser Errungenschaft wohl selbst bewusst und sorgte darum besonders eifrig für den Schutz dieses geistigen Eigentums. Am 23. März 1782 schrieb er an den Vater in einem Begleitbrief zum Rondo KV 382: „bitte ich sie aber, es wie ein kleinod zu verwahren - und es keinen Menschen ... zu spiellen zu geben. - ich habe es besonders für mich gemacht - und kein mensch als meine liebe Schwester darf es mir nachspiellen"[4]. Eine Folge dieser Vorsicht ist die Tatsache, dass sämtliche Kadenzen im Familienkreis verblieben und aus diesem Grund wohl nicht, wie früher angenommen, für Schülerinnen und Lehrlinge als pädagogische Musterbeispiele entstanden sind.

Ausserdem gibt es eine ganze Reihe von Hinweisen, die belegen, dass Kadenzen selten gleichzeitig mit den Konzerten geschrieben worden sind, sondern Improvisationen festhielten, welche in direktem Zusammenhang mit einer bestimmten Aufführung standen. Zwischen der Komposition des Konzerts und der Niederschrift späterer Kadenzen konnten gut drei Jahre (KV 414 / KV 626aI 27)[5] oder sogar knapp sechs Jahre (KV 459 / KV 626aI 58-59) liegen. Womöglich die einzigen Ausnahmen bilden die drei Kadenzen zum Klavierkonzert KV 595, die kaum später als das am 5. Januar 1791 fertiggestellte Konzert entstanden sein können[6]. Somit nehmen Mozarts Kadenzen eine Mittelstellung ein zwischen reiner Improvisation und vollständiger Ausarbeitung. Dabei ist nicht ganz klar, ob die Aufzeichnungen der Kadenzen vor oder nach dem jeweiligen Konzertanlass erfolgt sind. Zumindest die Niederschrift der Kadenz KV 626aI 27 zu KV 414 vom März 1786 für eine Aufführung des Konzerts in einer der Akademien vom Dezember 1785[7] lässt durchaus die Vermutung zu, dass Mozart seine öffentliche Improvisation erst nachträglich festhielt oder ausarbeitete[8]. Offenbar waren die Ansprüche des Komponisten Mozart so hoch, dass er nicht einmal dem Solisten Mozart traute. Darum notierte der Solist Mozart auf separaten Einlageblättern seine Kadenzen oder zumindest Skizzen dazu, denn in der Partitur selbst hatte der Komponist Mozart keinen Platz für die Niederschrift einer Kadenz oder von Kadenzpartikeln gelassen. Aus dem Vorhandensein verschiedener Kadenzen zu ein und demselben Konzertsatz hat Christoph Wolff geschlossen, dass Mozart im Laufe seines Lebens die „Tendenz weg von der spontanen Improvisation" zur „kompositorisch durchgestalteten Kadenz"[9] verfolgte und dabei die „thematische Bindung der Klavierkonzert-Kadenz an den jeweiligen Satz des Werkes"[10] verstärkte. Zu dieser Behauptung gibt es aber vorderhand keine zweifelsfreien Beweise[11], sie kann ebensogut auf einem unreflektierten, aus der Kenntnis von Beethovens Kadenzen auf Mozart zurückprojizierten Fortschrittsdenken beruhen. Allerdings ist innerhalb später Mozart-Konzerte – der Tendenz bei Beethoven durchaus vergleichbar – ein Rückgang in der Häufigkeit von Kadenzen zu beobachten: Die Klavierkonzerte KV 488, 491, 503 und 537 erlauben nur noch eine einzige Kadenz im gesamten dreisätzigen Konzert, lediglich am

Schluss des Kopfsatzes, aber nicht mehr in den Folgesätzen.

Wie die beiden Kadenzen zum ersten Satz des Konzertes G-Dur KV 453 nahelegen, gab es für Mozart gleichwertig und austauschbar zwei prinzipiell verschiedene Konzeptionen einer Kadenz[12], und dies gleich in extremer Ausprägung. Die eine Kadenz (KV 626aI 48) ist so reich wie keine zweite an motivischen Anspielungen auf Melodiepartikel aus dem zugehörigen Satz, die andere (KV 626aI 49) ist dagegen sehr sparsam mit solchen Reminiszenzen. Ausserdem ist nur eine einzige Kadenz aus Mozarts Feder direkt an der Stelle ihres Erklingens in die Partitur des Konzertsatzes eingetragen, und gerade sie ist die einzige, die keine deutliche Themenanspielung enthält: die Kadenz zum Kopfsatz des A-Dur-Klavierkonzerts KV 488[13]. Man könnte daraus schliessen, dass sich eine Kadenz motivisch desto freier ausnimmt, je integrierter sie in die Aufzeichnung des Konzertsatzes ist.

Grundsätzlich anders stellt sich Mozarts Entwicklung im Bereich der metrischen Notation dar. Hier gibt es offensichtlich eine Entwicklung von der herkömmlich taktfreien Aufzeichnung, wie sie bei Carl Philipp Emanuel Bach der Normalfall war, hin zu einer konsequenten Einpassung in die Taktart des Gesamtsatzes, im Falle von Kopfsätzen meistens in den 4/4-Takt. Zu den beiden Kadenzen, die als einzige nicht streng im Takt notiert sind (KV 626aI Nr. 2 und 18), hat Mozart später Alternativen komponiert, in denen das Grundmetrum – zumindest in der Notation – beibehalten wird. [...]

Die Kadenz hat in Mozarts Konzeption eine formale Funktion eingenommen, die zur Struktur des

Konzertsatzes selber gehört und mehr ist als blosse Verzierung: die Kadenz ist die letzte Tonikabestätigung durch den Solisten vor der abschliessenden Tonikabestätigung durch das Orchester. Diese doppelte Schlussbildung kann auch als Gegenstück zur doppelten Exposition in Mozarts Klavierkonzerten betrachtet werden. Unter diesem Gesichtspunkt würde erst eine wirkungsvolle, gewichtige Kadenz das Gleichgewicht des ganzen Satzes garantieren.

Aus all diesen Beobachtungen ist zu erwarten, dass Mozarts Kadenzen in Erfüllung ihrer klar umrissenen formalen Funktion auch nicht von unbeschränkter Dauer sein können. In der Tat ist ihr Umfang im Verhältnis zum gesamten zugehörigen Satz erstaunlich konstant. Sämtliche Kadenzen, auch diejenigen zu Mittel- und Schlusssätzen, machen zwischen 7,9% und 10,4% des gesamten Satzes incl. Kadenz aus. Einzige Abweichungen bilden die Kadenz zum Kopfsatz von KV 456 mit 4,7% und die Kadenz zum Mittelsatz von KV 453 mit 13,5 %.

Die Feststellung, dass thematisches Material in Mozarts Klavierkadenzen eine eingeschränkte, untergeordnete Rolle zu spielen hat, mag erstaunen. Auch noch die jüngste Literatur wollte letztlich eher vom Gegenteil überzeugen. Das hing aber ganz direkt mit der historischen Perspektive der bisherigen Forschung zusammen. Tatsächlich beziehen sich sämtliche Studien, in denen Mozarts Kadenzen behandelt sind, ausschliesslich auf die Klavierkonzerte und dies mehrheitlich als Rückprojektion von Beobachtungen, die an Kadenzen von Beethoven und späteren Komponisten des 19. Jahrhunderts gewonnen wurden. In seinem Kapitel über die klassische Kadenz in einem Handbuch zur

Aufführungspraxis zog Robert D. Levin denn auch just diejenige Kadenz aus Mozarts Feder als Paradigma heran, die in ihrer Rückbezüglichkeit auf Elemente des Konzertsatzes einen Extremfall darstellt, die Kadenz zu KV 453 (KV 626a I 48)[14]. Der Blick auf strukturell ableitbare Elemente ist zudem bedingt durch eine heute allgemein übliche, auf Formen- und Harmonielehre ausgerichtete Musiker-Ausbildung, die sich mit Vorliebe auf sonatenmässige Bezüge konzentriert, mithin das Zentripetale der motivischen Integration dem Zentrifugalen der spielerischen Phantasie überordnet. Joseph P. Swain deklarierte sogar offen seinen retrospektiven Ansatz[15] und verzichtete darauf, weitere Kadenzen ausser denjenigen von Mozart und Beethoven zu untersuchen[16]. Entsprechend flüchtig und einseitig sind seine Bemerkungen über die Frühgeschichte der Konzertkadenz ausgefallen.

Überblickt man die Kadenzen in Mozarts Konzertschaffen als ganzem, so ergibt sich ein fundamentaler Unterschied zwischen Klavier- und anderen Kadenzen. Während sich die formale Funktion im Verlauf von Mozarts Entwicklung zunehmend konsolidierte, verzichtete Mozart ab ca. 1780 auf Kadenzen in den basslosen Kadenzgattungen Opernarie und Bläserkonzert. Während er erst gegen Ende seines Lebens an der thematischen Integration der Klavierkonzert-Kadenzen arbeitete, verbot er in den letzten beiden Bläserkonzerten, dem Hornkonzert KV 412 und dem Klarinettenkonzert KV 622, jegliche solistische Improvisation. Mit anderen Worten: die Kadenz ist bei Mozart entweder in ihrer harmonischen Funktion gewichtig oder aber gänzlich überflüssig!

[1] KV 466, 467, 482, 491, 503, 537.

[2] *Briefe* III, S. 387.

[3] Christoph Wolff: Zur Chronologie der Klavierkonzert-Kadenzen Mozarts. In: *Mozartjahrbuch* 1978/79, S. 244. Die einzige Ausnahme sind die [von Wolff mit] A [bezeichneten] Kadenzen zum Konzert KV 246, siehe *NMA* V/15, Bd.2. Hrsg. von Christoph Wolff, S. VIII und XI.

[4] *Briefe* III, S. 199.

[5] Wolff *Chronologie* (s. Anm. 3), S. 239f.; detaillierter bei Konrad Küster: *Mozart. Eine musikalische Biografie.* [S. dessen Beitrag unten S. 181ff.]

[6] Wolff *Chronologie* (s. Anm. 3), S. 244.

[7] Ebda., S. 240.

[8] Diese Überlegung müsste stärker als bisher in Erwägung gezogen werden, vgl. dagegen Christoph Wolff: Cadenzas and Styles of Improvisation in Mozart's Piano Concertos. In: *Perspectives on Mozart Performance.* Hrsg. von Larry R. Todd und Peter Williams. Cambridge 1991, S. 232 (= *Cambridge Studies in Performance Practice* 1).

[9] Wolff *Chronologie* (s. Anm. 3), S. 244; Wolff *Cadenzas*, S. 232.

[10] Wolff *Chronologie* (s. Anm. 3), S. 245.

[11] Im Hinblick auf die drei erhaltenen Kadenzen zum Kopfsatz von KV 456, die auch Wolff zum Nachweis der fortschreitenden (thematischen) Anreicherung und Verfeinerung bestehender Kadenzen dienten, spricht Swain von „entirely different cadenzas". Wolff *Chronologie*, S. 243f. bzw. Joseph P. Swain: Form and Function of the Classical Cadenza. In: *The Journal of Musicology* 6 (1988), S. 35. Zwischen beiden Positionen liesse sich insofern vermitteln, als Kadenzen mit mehr als einem Themenzitat möglicherweise alle in Mozarts letzte zwei Lebensjahre zu datieren sind, sich die Wendung zur stärkeren thematischen Integration der Kadenzen somit nicht schrittweise, sondern ab einem bestimmten, späten Zeitpunkt vollzogen hat. Dies aber beruht auf der Voraussetzung, dass sich die (bislang undatierten) späteren Kadenzen zu KV 453 ebenfalls in die Jahre 1790/91 datieren liessen; siehe auch Frederick

Neumann: *Ornamentation and Improvisation in Mozart.*
Princeton 1986, S. 257.

[12] Swain (s. Anm. 11), S. 35: „Even as his own conception of
the cadenza's form and function crystallized, he did not
give up the performer's option to improvise".

[13] Aufgenommen ist das ausschliesslich in der Durchführung
auftretende Motiv (aus T. 158f.), und dies ausnahmsweise
nicht in der Mitte der Kadenz, sondern gleich am Anfang.

[14] Robert D. Levin: Instrumental Ornamentation, Improvisation and Cadenzas. In: *Performance Practice. Music after
1600.* Hrsg. von Howard Mayer Brown und Stanley Sadie.
London und New York 1989, S. 267-291, speziell S. 281-283
(= *The New Grove Handbooks in Music*).

[15] „In view of both new theories and conceptions of the classical sonata style to which the classical concerto is an es-
sential contributor, and the undiminished popularity of the
classical concerto repertoire, it is time for a new appraisal
of the cadenza." Swain (s. Anm. 11), S. 27f.; „The third ap-
proach is to apply modern theories of concerto form and
the classical sonata style to the cadenza problem." Ebda.,
S. 28.

[16] „The various cadenza styles among other eighteenth-
century composers cannot be discussed in detail here".
Ebda., S. 29.

Hermann Hesse

Ein Satz über die Kadenz

Zu seinem „Satz über die Kadenz" meinte Hermann Hesse, er sei „weniger ein Versuch, das Phänomen der Kadenz zu erklären, als ein spasshafter Versuch, dies Phänomen in einem einzigen Satz Prosa gewissermassen nachzuahmen"[1].

Wenn, wie es in jenem musikalischen Dialoge, Wettstreit oder Liebesverhältnis zwischen dem Orchester und einem Solo-Instrumente, das seit zweieinhalb Jahrhunderten als „Konzert" zu bezeichnen die Fachsprache der Musiker sich angewöhnt hat, immer wieder manche Takte lang geschieht, eben jenes Solo-Instrument, der Auseinandersetzung mit dem gewaltigen Gesprächspartner sowohl wie der Rolle des blossen Gehilfen bei der Entwicklung, Wandlung und Fortführung eines musikalischen Themas für eine Atempause lang enthoben, sich gewissermassen aus der Verstrickung in eine beinah allzu komplizierte Welt von Funktionen, Ansprüchen, Aufgaben, Verantwortungen und Verführungen, aus einer ungemein differenzierten, vielfach abhängigen, vielen Mitspielern verpflichteten Existenz entlassen und in seine eigene, heimatliche, individuelle Welt zurückgekehrt findet, scheint diese befristete Heimkehr in sein ihm allein gehöriges Reich, in die Unschuld, Freiheit und Eigengesetzlichkeit seines eigenen Wesens ihm einen ganz neuen Antrieb und Atem, eine zuvor durch die Rücksicht auf den Partner gebundene und eingeschränkte Beschwingtheit, eine beinahe berauschende

Freude an sich selbst und seinen Möglichkeiten zu verleihen, scheint es zum Genuss seiner wiedererlangten Freiheit, zum Schwelgen in der ihm allein eigenen Atmosphäre einzuladen und zu ermuntern, dass es gleich einem der Gefangenschaft entronnenen Vogel erst in langen Folgen von Trillern seiner Kräfte jubelnd wieder bewusst wird, um alsdann in bald wiegenden, bald triumphal emporsteigenden, bald bacchantisch basswärts abstürzenden Passagen, Schwüngen und Flügen das scheinbar Unüberbietbare, ja Unmögliche an virtuoser Ekstase zu erleben.

Basler Nachrichten, Sonntagsblatt,
23. November 1947.

[1] Hermann Hesse: *Musik. Betrachtungen, Gedichte, Rezensionen und Briefe.* Hrsg. von Volker Michels. Frankfurt a.M. 1976, S. 110.

Intermezzo

mit einer Anmerkung

Urs Frauchiger

Meisterkurs I

(Spiegelsaal des Lustschlosses in Hohenaltheim. Auf dem Parkett stehen nüchterne Stapelstühle mit herunterklappbaren Schreibgelegenheiten. Auf den Stühlen hat das übliche Meisterkurspublikum Platz genommen: nervöse, etwas überdrehte aktive Teilnehmer, die hauptsächlich Teilnehmerinnen sind, eifrige und verehrungsbereite Hörer und Hörerinnen, die jedes Wort des Meisters gierig aufsaugen und unverzüglich notieren. Mozart in eleganten Jeans und einem bequemen roten Pullover; darüber wacht auf dem Bildschirm der Vater. Der Kurs wird von Classic-TV aufgenommen und von Dr. Weinheber moderiert, der ebenfalls in Jeans und in einem hellgrünen Kaschmir-Rollkragenpullover erschienen ist.)

WEINHEBER: Ich begrüsse Sie zum Internationalen Meisterkurs für Klavierinterpretation, hier im zauberhaften Rahmen des Lustschlosses, worinnen einstmals der Fürst Kraft Ernst von Oettingen-Wallerstein residierte. Der Meister, den ich hier aufs allerherzlichste begrüsse *(versucht, Mozart zu umarmen; dieser zieht sich mit kollegialem Schulterklopfen diskret aus der Affäre),* weilte bereits Ende Oktober 1777 mehrere Tage hier, zusammen mit der geliebten Mama. Warum der lange Aufenthalt, Meister, da Sie doch beabsichtigten, in kürzester Zeit von Augsburg nach Mannheim zu fahren?

MOZART *(mit lässig übereinandergescblagenen Beinen, etwas süffisant)*: Wir waren in einem miserablen Wirtshaus und hatten eigentlich vor, anderntags gleich weiter zu reisen – [11]

REGISSEUR *(zischt)*: Das schneiden wir dann gleich raus.

MOZART: – aber die Mama kriegte einen schlimmen Katthar.[11]

REGISSEUR *(zischt)*: Für hier holen wir einen Werbespot für Hustensirup herein.

WEINHEBER: Spielten Sie vor dem Fürsten?

MOZART: Der Fürst, ein junger schöner Herr, hatte mich seinerzeit in Neapl gehört und eingeladen, hier zu spielen.[7]

WEINHEBER: Wie schön! *(zum Publikum)* Sehen Sie, Ihr jungen Leute, wie schöne Musik eines schönen Umfeldes bedarf?

MOZART: Allein der Fürst befand sich in der tiefsten Melancholey. Wenn er einen nur ansah, weinte er schon.[11]

WEINHEBER *(etwas betreten)*: Sie begegneten ihm?

MOZART: Ich sprach mit ihm. Er war so zerstreut, dass ich ihm über eine Sache 4-5 Mal fragen musste.[11]

WEINHEBER *(schöpft Hoffnung, die Situation retten zu können)*: So spielten Sie ihm, wie David dem Saul?

MOZART: Er wollte keine Musik hören.[11]

WEINHEBER *(brüsk)*: Lassen wir die Reminiszenzen. Heute ist heute. Wir sind da, von Ihnen zu lernen, Meister. Sie haben zeit Ihres Lebens unterrichtet?

MOZART: Ich hatte Scolaren, auch hier in der Gegend. Ich bin hingegangen, dann habe ich einen nicht angetroffen. Mithin bin ich ausgeblieben.[5]

Mozart (21-jährig) und sein Vater

Leopold Mozart (1719-1787) – um 1765

Wolfgang Amadé Mozart als Ritter vom goldenen Sporn
Salzburg, August/September 1777

Leopold Mozart aus Salzburg an Padre Martini,
Bologna

[…] la Pittura non é di molto Valore ò sia Arte,
ma per la rißomiglianza, gli protesto, che é rißomi-
gliantißimo – l'é tal quale. […]

(Das Bild ist nicht von grossem Wert noch
Kunst, aber was die Ähnlichkeit betrifft, versichere
ich Ihnen, dass es äusserst ähnlich ist – so wie er
ist.)

22. Dezember 1777; *Briefe* II, S. 205.

VATER *(vom Bildschirm)*: Jetzt kommt heraus, dass Du Scolaren hättest haben können, weil Du sie aber ein paarmal etwa nicht angetroffen hast, bist Du ausgeblieben![10]

WEINHEBER *(alle schauen verdutzt nach oben)*: Ich begrüsse aufs allerherzlichste den Vater des Meisters, der dank der Zeitmaschine des Wührmle-Konzerns unter, besser: über uns weilt. Er ist ja selber einer der grössten Musikpädagogen seiner Zeit und hat mit seiner Violinschule einen einschlägigen Klassiker verfasst.

MOZART: Aus Gefälligkeit will ich gern Lektion geben, besonders wenn ich sehe, dass eines Genie, Freude und Lust zum lernen hat.[5]

VATER: Aus Gefälligkeit – ja das willst Du! Und willst auch lieber Deinen alten Vater in der Not stecken lassen. Dir als einem jungen Menschen ist das zu viel, Deinem alten Vater steht es besser an, um eine elende Bezahlung herum zu laufen, damit er sich und seiner Tochter den nötigen Unterhalt mit Mühe und Schweiss verschaffet![10]

WEINHEBER: Aber, mein lieber Herr Mozart, das ist doch Schnee vom vergangenen Jahr!

MOZART: Zu einer gewissen Zeit in ein Haus gehen müssen oder zu Haus auf einen warten müssen, das kann ich nicht, und sollte es mir noch so viel eintragen. Das ist mir unmöglich![5]

WEINHEBER: Aber Meister, wer soll denn unsere blühende Jugend *(weist emphatisch in den Saal)* unterrichten?

MOZART: Das lasse ich Leuten über, die sonst nichts können als Klavier spielen![5]

145

WEINHEBER *(verlegen)*: Das ist doch schon allerhand!

MOZART: Lektion zu geben ist kein Spass. Man muss sich ziemlich abmatten damit.[6]

WEINHEBER: Man unterrichtet ja nicht pausenlos.

MOZART: Die wenigen freien Stunden werden mir mehr zum ausrasten als zum arbeiten notwendig sein. – Sie dürfen nicht glauben, dass es Faulheit ist – nein! – sondern es ist ganz wider mein Genie, wider meine Lebensart.[6]

WEINHEBER: Dürfen wir wissen, wie denn Ihre Lebensart ist, Meister?

MOZART: Sie wissen, dass ich sozusagen in der Musik stecke – dass ich den ganzen Tag damit umgehe – dass ich gern speculiere – studiere – überlege.[6]

(Alle im Saal schreiben auf. Stimmen der Bewunderung, der Bestätigung.)

STIMMEN *(durcheinander)*: Herrlich! – Haben Sie das gehört – specu-lieren – „damit umgehe": ich hab immer gesagt, der Meister ist ein 68er!

WEINHEBER: Auf denn, packen wir's an. Wer wagt's?

(Die Teilnehmerinnen zieren sich verlegen, tuscheln, erröten.)

TEILNEHMER: Geh du – ich nicht – nein du.

WEINHEBER: Nun, so fangen wir mit der jüngsten an. Nanette – komm. *(Ein herziges, achtjähriges Mädchen trippelt zum Flügel.)* Applaus für Nanette, die Tochter des berühmten Klavierbauers Stein! *(Nanette setzt sich; der Flügel steht so, dass man das Gesicht, nicht aber die Hände der Spieler sieht. Nanette beginnt mit den Variationen aus der D-Dur-Sonate KV 284. Mozart hört und schaut ihr interessiert zu, vergisst die*

Umgebung, tritt zum Bildschirm – denn wer versteht im Saal so viel von Musik wie der Vater?)

MOZART *(zum Vater)*: Wer sie sieht und nicht lachen muss, der muss von Stein wie ihr Vater sein. *(zeigt auf die Spielerin)* Es wird gegen den Diskant herauf gesessen. So hat man mehr Gelegenheit, sich zu bewegen und Grimassen zu machen. – Die Augen werden verdreht. – Wenn eine Sache zweimal kömmt, wird sie das 2. Mal langsamer gespielt, das 3. Mal noch langsamer. – Wenn eine Passage fort-fliessen muss wie Öl, so lässt man aus, hebt die Hand auf und fängt ganz commod wieder an. So hat man auch eher Hoffnung einen falschen Ton zu erwischen. Das macht oft ein curiosen Effekt.[3]

VATER: Sag's ihr und überhaupts allen, die für die Grimassen-Schneiderey eingenommen sind![8]

MOZART *(zum Saal)*: Sie kann werden, sie hat Genie. Aber auf diese Art wird sie nichts. Sie wird niema-len viel Geschwindigkeit bekommen. Sie macht die Hand schwer und hat sich von Jugend an befleis-sigt – nicht auf den Takt zu spielen.[3]

STIMME AUS DEM SAAL: Was verstehen Sie unter „auf den Takt spielen", Meister?

MOZART Dass ich immer accurat im Takt bleibe, über das verwundern sich alle. – Das Tempo rubato in einem Adagio, dass die linke Hand nichts darum weiss, können sie gar nicht begreifen. Bei ihnen gibt die linke Hand nach.[3]

STIMMEN *(durcheinander)*: Aha! – ach so! – so was!

WEINHEBER: Rosa, jetzt bist du dran. *(Ein dreizehn-jähriges, äusserst hübsches Mädchen geht zum Flü-gel.)* Rosa Cannabich, die Tochter des berühmten

Kapellmeisters. *(Rosa spielt das Rondo aus der C-Dur-Sonate KV 309. Mozart hört und schaut vor allem fasziniert zu.)*

MOZART: Geschickt – Natürliche Leichtigkeit – sie spielt mit sehr viel Empfindung. *(steht auf, zum Vater)* Die rechte Hand ist sehr gut. Die Linke leider ganz verdorben.[4]

VATER: Sie schnauft so –

MOZART: Nicht aus Ungeschicklichkeit, man hat es ihr nicht anders gezeigt.[4]

VATER: Herr Cannabich wird nichts dabei verlieren, wenn Du seiner Mlle Tochter an die Hand gehst, ohne ihrem Lehrmeister dadurch Eintrag zu tun.[9]

MOZART *(zum Saal)*: Wenn ich ihr förmlicher Meister wäre, sperrte ich ihr sämtliche Musikalien ein, deckte ihr das Klavier mit dem Schnupftuch zu und liesse sie mit beiden Händen, anfangs ganz langsam, lauter Passagen, Triller, Mordanten Etcetera exerzieren, bis die Hand völlig eingerichtet wäre. Hernach getraute ich mir, eine rechte Clavieristin aus ihr zu machen.[4]

STIMMEN *(durcheinander)*: Göttlich! – So ein Kopf! – Hast du's notiert, Waltraute?

WEINHEBER *(jovial)*: Sehr hübsch, Rosa, sehr hübsch. Mach so weiter! *(deutlich ehrerbietiger)* Darf ich die Maria Theodora Carolina Anna Antonia von Branca bitten? *(Eine höhere Tochter geht zum Flügel.)* Die Tochter des Geheimen Rates. *(Sie spielt den 1. Satz der B-Dur-Sonate KV 281. Mozart ist schon etwas müde, aber interessiert.)*

MOZART: Artig! *(zum Vater)* Das Tempo fehlt ihr noch.[1]

VATER: Liegt's vielleicht am Gehör?

MOZART: Ich glaube nicht, ich kann niemanden Schuld geben als ihren Lehrmeister. Er hat zu viel Nachsicht. Ist gleich zufrieden.[1] *(unterbricht)* Danke, das genügt. – Ich möchte wetten, wenn Sie zwei Monate bei mir spielten, dass Sie recht gut und accurat spielen würden.[1]

MARIA: Danke Meister – darf ich Sie bitten, in Salzburg ein Compliment auszurichten? Ich war mit der Frl. Louise zur nämlichen Zeit im Kloster.[1] *(knickst)*

MOZART: Kloster, so – Machen wir Pause?

WEINHEBER: Wenn Sie noch ein Minütchen hätten für die Maria Anna Josepha Aloysia von Hamm, Meister. *(Ein dreizehnjähriges Mädchen, das sich sehr steif und dümmlich bewegt, geht zum Klavier.)* Die Tochter des Münchner Kriegs-Sekretärs. *(Sie spielt sehr ungelenk den 1. Satz der C-Dur-Sonate KV 279.)*

MOZART *(zerstreut)*: Curios – ich weiss mich nicht deutlich zu erklären – curios gezwungen. *(zum Vater)* Die Hand ist nicht gut. Sie steigt mit ihren langbeinigen Fingern so curios auf dem Klavier herum. *(zu Maria Anna)* Wie lang spielst Du?[2]

MARIA ANNA: 3 Jahre, Meister.[2]

MOZART Da sollten Sie doch notwendigerweise Talent zur musique haben. Sie könnten vielleicht für ein Jahr zu meinem Vater nach Salzburg in die Lehre gehen, um perfekt zu werden.[2] *(Der Vater winkt entschieden ab, wird aber nicht beachtet.)*

WEINHEBER: Der Meister weiss ein Mittel für jeden Fall. – Pause, meine Herrschaften.

(Stühlerücken, grosses Geschwätz, Kichern, Ausrufe)

STIMMEN: Ich find's doch etwas vag! – Ich hätt' mehr erwartet! – Was fällt Ihnen ein! – Ach geh! – Ein Genie! – Mensch, was willst du eigentlich? *(Alles verläuft sich schnatternd. Zurück bleiben nur Vater und Sohn.)*

Pausengespräch

(Mozart hat sich einen der Stapelstühle geangelt und lümmelt sich nun, ein Bein über der Lehne, dem Vater gegenüber darauf herum. Vielleicht trinkt er gar eine Cola.)

VATER: Wenn nun der Kriegs-Secretaire wegen dem Frl. Tochter mir schriebe, würde ich in der grössten Verlegenheit sein.[7]

MOZART: Wenn sie zum Papa nach Salzburg kommt, so ist es ihr doppelter Nutzen: in der Musik sowohl als in der Vernunft, denn die ist wahrlich nicht gross.[2]

VATER: Wir leben sehr sparsam, und diese Leute sind gewohnt, gut zu fressen.[7]

MOZART: Essen kann sie nicht viel, denn sie ist zu einfältig dazu.[2]

VATER: Dies ist nicht die Hauptsache. Sie ist sehr einfältig erzogen, folglich vermute ich, dass sie auch wenig Talente zur Musik haben wird. Wäre dies so, kann ich mir keine Ehre machen.[7]

MOZART: Der Frl. Hamm von Einfaltskasten ihr Lehrmeister ist ein gewisser geistlicher Herr namens Schreier. Ein guter Organist, aber kein Cymbalist. Er hat mir immer mit den Brüllen zugesehen, ein trockener Mann, der nicht viel redet. Er klopfte mir aber auf die Achseln, seufzte, und sagte: ja – Sie sind – Sie verstehen – ja – das ist wahr.[12]

VATER: Die schlechte Position der Hände hat nichts zu sagen, da lässt sich helfen. Wenn's aber an den Ohren fehlt und folglich kein Tempo zu hoffen, dann muss ich mir die Ehre gehorsamst verbitten.[7]

MOZART: Sie lernt erst 3 Jahr und spielt doch viele Stücke recht gut.[2]

VATER: Du hättest eine kleine Probe mit ihr machen sollen: nur ein paar leichte Täkte vorspielen und sehen, ob sie es a tempo nachspielen kann, ob sie, wenn sie einmal die Noten der zwei Täkte weiss, auch weiss das Tempo zu treffen.[7]

MOZART: Ich hätte sie probieren sollen? – Ich hab ja nicht gekönnt vor Lachen. Wenn ich etwas vormachte, so sagte sie gleich „Bravissimo" – und das mit der Stimme einer Maus.[2]

VATER: Probier' sie, sonst kann ich mich nicht entschliessen.[7]

(Mozart schlendert trinkend durch den Saal, beguckt sich zuweilen konzentriert in den Spiegeln.)

VATER: Da warst Du schon mal – im Herbst 77.

MOZART *(nickt)*

VATER: Man sagt, Du hättest hier drin tausend Spass gemacht, habst die Violine genommen, seist herumgetanzt und habst gespielt, dass man Dich als einen lustigen, aufgeräumten, närrischen Menschen anpris.[16]

MOZART: Ich war da sehr zurückhaltend und serios, und auch an der Offizierstafel bin ich mit rechter auctorité dagesessen und hab mit keinem Menschen ein Wort geredet.[13]

VATER: Es gab Gelegenheit, Deine Verdienste herabzusetzen.[16]

(Mozart zuckt die Achseln, der Vater schweigt – plötzlich)

VATER: Was ziehst Du eigentlich für Deine Lektionen?

MOZART: Mein Preis ist für 12 Lektionen 6 Dukaten – und da gieb ich noch zu erkennen, dass ich es aus Gefälligkeit tue.[14]

VATER: Beim Frl. von Auernhammer ist's auch aus Gefälligkeit?

MOZART: Die! – Wenn ein Maler den Teufel recht natürlich malen wollte, so müsst er zu Ihrem Gesicht Zuflucht nehmen.[15]

VATER: Diabolus in musica – das hat zuweilen seinen Reiz...

MOZART: Sie ist dick wie eine Bauerndirne, schwitzt und geht bloss, dass man ordentlich lesen kann: „Ich bitte euch, schauet hierher!" Das ist wahr: zu sehen ist genug – dass man blind werden möchte. Man ist auf den ganzen Tag gestraft, wenn sich unglücklicherweise die Augen darauf wenden.[15]

VATER: Also doch Gefälligkeit!

MOZART: Mit Vergnügen tu ich den Leuten Gefälligkeiten – aber nicht sechieren![15]

VATER: Sechiert sie?

MOZART: Sie ist nicht zufrieden, wenn ich 2 Stund alle Tage mit ihr zubringe; ich soll den ganzen Tag dort zubringen.[15]

VATER: Sie ist in Dich verliebt –

MOZART: Sérieusement, ich weiss es gewiss.[15]

VATER: Weshalb?

MOZART: Sie nimmt sich Freiheiten heraus.[15]

152

VATER: Freiheiten?

MOZART: Zum Beispiel, mir zärtliche Vorwürfe zu machen, wenn ich etwas später kam als gewöhnlich und dergleichen mehr. Kurz, ich sah mich gezwungen, ihr mit Höflichkeit die Wahrheit zu sagen.[15]

VATER: Eine verliebte Närrin –[15]

MOZART: Still sie kommt.

(Er tänzelt galant zu der dicken Josepha und verbeugt sich zierlich und charmant.)

Meisterkurs II

Die Leute hühnern wieder herein, stellen ihre Colafläschchen und Tetrapacks auf den Boden.)

WEINHEBER: So, alle schön erholt, zu weiteren Taten bereit? – Eine Frage an den Papa: Verehrter Leopold, übt Ihr Sohn eigentlich Klavier?

VATER: Von exercieren auf dem Clavier, wie er einmal über 7 Jahre hinaus war, weiss ich gar nichts. Sein Exercieren besteht darinnen, dass er immer sich hören lassen muss.[22]

STIMMEN *(durcheinander)*: Hast du das gehört, Waltraute? – Unerhört – Nein so was! –

VATER: Es werden ihm immer Sachen vorgelegt, die er vom Blatt weg spielen muss. Das ist sein Exercieren.[22]

WEINHEBER: Worin besteht denn die Kunst, prima vista zu spielen, Meister?[17]

MOZART: In diesem: das Stück im rechten Tempo zu spielen, alle Noten, Vorschläge, Etcetera mit der

gehörigen Expression und gusto, wie es steht auszudrücken –[17]

STIMMEN *(durcheinander)*: Unerhört! – der bringt's auf
den Punkt – was sagen Sie jetzt, ist das etwa vag?

MOZART: So, dass man glaubt, derjenige hätte es selbst
komponiert, der es spielt.[17]

WEINHEBER: Jeder Satz ein Aphorismus. Das nenn' ich
Geist. – Nun, wer ist dran? *(Josepha stapft resolut
zum Flügel.)* Nun kommen wir zu den schwerge-
wichtigeren Schülern – ich meine, zu den grossen
Kalibern. Josepha Barbara Auernhammer. Darf ich
fragen: wie kommen Sie zur Musik? – abgesehen
von Ihrem Talent natürlich, das Sie dahintreibt.

JOSEPHA: Sehen Sie, ich bin nicht schön, au contraire:
hässlich. Einen Kanzleihelden mit drei-, vierhun-
dert Gulden mag ich nicht, und keinen andern be-
komm ich nicht, mithin bleib ich lieber so und will
von meinem Talent leben.[18]

WEINHEBER: Das nenn' ich Klartext. – Wie stellen Sie
sich den Fortgang Ihrer Ausbildung vor?

JOSEPHA: Ich will noch zwei, drei Jahre rechtschaffen
studieren. Dann geh ich nach Paris und mach
métier davon.[18]

STIMMEN *(durcheinander)*: Gut so! – die hat ein Culot! –
diese Feministinnen!

JOSEPHA: Der Meister wird mir beistehen –[18]

MOZART *(galant herbeieilend)*: jetzt gleich schon! *(Er
schleppt einen zweiten Flügel aus der Ecke. Zusammen
spielen sie den 1. Satz der Sonate in D-Dur für zwei
Klaviere KV 448. – Grosser Applaus zum Schluss.)*

MOZART: Sehr schön, entzückend. – Nur geht Ihnen der wahre, feine, singende Geschmack im Cantabile noch ab. Sie verzupfen alles.[18]

JOSEPHA *(ergreift seine Hand)*: Lieber Mozart – Sie mögen sagen, was Sie wollen – ich hab' Sie halt doch gern.[15]

MOZART *(entzieht ihr die Hand. Zum Vater, während sie kokett schmollend ihren Platz aufsucht)*: Die Freulle ist ein Scheusal – spielt aber zum entzücken.[18]

WEINHEBER: Darf ich bitten, gnädige Frau. *(Eine würdige, schöne Frau mittleren Alters schreitet zum Klavier, Maria Theresia von Trattner, die Gattin des bekannten Verlegers und Buchdruckers. Sie spielt mit wundervoller gefasster Leidenschaft den 1. Satz der Sonate in c-Moll KV 457. Wie sie geendet hat, herrscht grosse Stille.)*

MOZART *(leise)*: Sie haben alle meine Anweisungen gelesen und befolgt.

MARIA THERESIA *(ruhig)*: Gewiss.

WEINHEBER: Gibt es Anweisungen, Meister? Eines der wichtigsten Dokumente praktischer Ästhetik! – Darf man sie sehen![23]

MOZART (ebenso entschieden wie ruhig abschliessend) Nein.

WEINHEBER *(verdutzt eine Verstimmung überspielend)*: Ja, und da haben wir unsere charmante Franziska von Jacquin – bitte Franziska – *(Eine junge Dame mit einem schönen, offenen Gesicht tritt vor, Mozart übergibt ihr das Manuskript der Sonate C-Dur KV 521 mit einem galanten Handkuss.)*

MOZART: Signora Dinimininimi, hier die neue Sonate ex C. Bitte machen Sie sich gleich darüber, denn sie ist etwas schwer. Bitte recht fleissig sein.[20]

(Franziska nickt) Diese Ermahnung ist unnütz. Ich habe noch nie eine Schülerin gehabt, welche so fleissig war und so viel Eifer zeigte wie Sie. – Ich freue mich, Ihnen nach meiner geringen Fähigkeit weitern Unterricht zu geben. – Apropos: Wenn Sie morgen kommen wollen – ich bin um 11 Uhr gewiss zu Hause.[19]

(Franziska knickst und kehrt mit den Noten auf ihren Platz zurück.)

MOZART: Leute, das genügt für heute. Ich bin etwas müde. *(Unruhe im Saal)*

STIMMEN *(durcheinander)*: Unerhört! – Was bildet der sich eigentlich ein! – Bei den Eintrittspreisen! – Ich hab's ja immer gesagt! –

MOZART *(tritt mit liebenswürdigem Charme näher zum Publikum)*: Mein Urgrossvater pflegte seiner Frauen, meiner Urgrossmutter, diese ihrer Tochter, meiner Grossmutter, diese wieder ihrer Tochter, meiner Mutter, diese abermal ihrer Tochter, meiner leiblichen Schwester zu sagen, dass es eine sehr grosse Kunst seie, wohl und schön zu reden, aber vielleicht eine nicht minder grosse, zur rechten Zeit aufzuhören.[21]

STIMMEN *(durcheinander)*: Charmant! – Reizend! – Er ist schliesslich auch nur ein Mensch! – Charmeur, die Frauen fahren eh auf ihn ab. – Schweigen Sie, Sie Ahnungsloser!

MOZART: Was die übrigen Scholaren anbelangt: Der Johann Nepomuk[a] soll mit der Babette ihr neues

---

[a] Johann Nepomuk Hummel; s. oben S. 68.

Concert ex g vornehmen. Der läuft mir als Klavier-spieler ohnehin bald den Rang ab. Und der Att-wood[a] kommt mit mir auf eine Partie Billard. Der braucht Comotion.[24] *(Ein bebrillter Eierkopf steht leicht indigniert auf)*

FRANK: Und was ist mit mir?

MOZART: Saperlot, fast hätt' ich auf den Herrn Doctor[b] vergessen! Haben Sie meine Fantasie geübt, wie ich sagte?[24]

FRANK: Ich hatte das Glück, Sie zu verstehen.[24]

MOZART: Spielen Sie noch andere Stücke von meiner Composition?[24]

FRANK: Ja, mein Herr, Ihre Variationen über „Unser dummer Pöbel meint" und eine Sonate mit Beglei-tung einer Violine und des Violoncello.[24]

MOZART: Ich werde Ihnen diese Stücke nachher vor-spielen. Sie werden mehr Nutzen haben, wenn Sie mich hören, als wenn Sie selbst spielen.[24]

STIMMEN *(durcheinander)*: Wartet, es gibt noch was! – Du, Waltraute, dat hör ik mir an! – He, es geht wei-ter!

(Schüchtern nähert sich eine junge Frau.)

MARIA MAGDALENA: Dürft ich nicht heute spielen? Ich sollt zurück – wegen meinem Mann.

MOZART: Magdalena. Aber natürlich. Was bringst denn Schönes?

MARIA MAGDALENA: Ich hab' nicht viel üben können. Dürfte ich die „facile" spielen?

---

[a] Thomas Attwood (1765-1838), war ein Schüler Mozarts; sei-ne Übungshefte sind erhalten.

[b] Dr. Joseph Frank, ebenfalls ein Schüler Mozarts.

MOZART: Die schwere facile. Fang schon an!

(Maria Magdalena spielt, etwas naiv, aber sehr natürlich und poetisch. Plötzlich wird die Türe aufgerissen. Ein aufgeregter, tränenüberströmter Mann stürzt herein und reisst die Spielerin vom Klavier.)

HOFDEMEL: Was treibst Dich da wieder rum! Ich ertrags einfach nicht!

WEINHEBER: Aber Herr Justizkanzlist, was kommt Sie denn an!

HOFDEMEL: Kümmern Sie sich besser darum, was Ihren Meister so alles ankommt! Wo ist er überhaupt?

(Mozart ist verschwunden.)

WEINHEBER: Eben war er noch da.

STIMMEN *(durcheinander)*: Wo ist er nur? – He, habt's den Meister gesehen – Ich hab's ja immer gesagt – So, jetzt reicht's.

MARIA MAGDALENA: Aber Franz, was ist denn? – Ich hab ja bloss –

HOFDEMEL: Schluss jetzt – fertig gespielt! *(zieht sie fort)*[25]

WEINHEBER *(aufgeregt)*: Jetzt hat uns der Lakel den ganzen Schluss versaut. Ich hätt' einen so schönen Bogen durchgezogen.

REGISSEUR *(gemütlich)*: Ach, das ist doch egal. Das schneiden wir raus.

(Der Spiegelsaal entleert sich, bis sich nur noch die Spiegel in den Spiegeln spiegeln.)

Quellen

Meisterzyklus I

Briefe Wolfgang – Vater
1   3. Oktober 1777
2   16. Oktober 1777
3   25. Oktober 1777
4   14. November 1777
5   7. Februar 1778
6   31. Juli 1778

Briefe Vater – Wolfgang
7   13. Oktober 1777
8   31. Oktober 1777
9   13. November 1777
10 23. Februar 1778

Brief Mutter – Vater
11 31. Oktober 1777

Pausengespräch

Briefe Wolfgang – Vater
12 11. Oktober 1777
13 19. Februar 1778
14 16. Juni 1781
15 22. August 1781

Brief Vater – Wolfgang
16 12. Februar 1778

Meisterzyklus II

Briefe Wolfgang – Vater
17 17. Januar 1778
18 27. Juni 1781

Briefe Mozart – Gottfried von Jacquin
19 15. Januar 1787
20 29. Mai 1787
21 9. November 1787

22 Bericht der Schwester Anna Maria Mozart für den Verlag Breitkopf & Härtel, 1792
23 Einstein *Mozart*
24 Otto Jahn und Hermann Abert: *Mozart*. Bd.1, Leipzig 1924, S. 1007. S. auch *Dokumente*, S. 476.

25 *(Anmerkung des Herausgebers) Der Frage nach der „Affäre' Hofdemel ist der erste Mozart-Biograph Otto Jahn (1813-1869) gewissenhaft nachgegangen und hat die – zumindest für ihn beruhigenden – Resultate seiner Nachforschungen in der „Allgemeinen Musikalischen Zeitung" vom 4. März 1863 veröffentlicht:*

Otto Jahn

Mozart-Paralipomenon

Die schwerste Aufgabe erwächst dem Biographen durch
seine Pflicht die Wahrheit zu sagen, und zwar wie der ge-
schworne Zeuge nichts als die Wahrheit und die volle
Wahrheit zu sagen. Ich habe dabei nicht die Schwierigkeiten im Sinne, welche das wissenschaftliche Erforschen und
Feststellen des Factischen darbietet, sondern die Noth, in
welchen einen gewissenhaften Biographen die Entscheidung versetzt, welche er über das treffen muss, was er mit-
zutheilen oder zu verschweigen hat. Es kann nicht fehlen,
dass sich eine Menge Notizen ansammeln, die in ihrer Ge-
sammtheit unmöglich zu verwerthen sind, wo dann die
Frage eintritt, welche Züge die wesentlichen sind, damit ein
wahres, und zwar ein in seiner künstlerischen Wirkung
wahres Bild zu Stande komme. Die Entscheidung wird namentlich erschwert, wenn auch die Discretion ins Spiel
kommt, die man, wie sie im Lebensverkehr unter gebilde-
ten Menschen in Beziehung auf das Privatleben und manche Seiten des Charakters für eine Pflicht des Anstands gilt,
sicherlich auch grossen Menschen schuldig ist, wenn diese
auch durch ihre Leistungen zu öffentlichen Personen geworden sind. Die Frage, welche Nachrichten als solche, die
das Wesen und die Entwickelung des Darzustellenden
wirklich aufklären und charakterisiren, festgehalten werden müssen, und welche man als gleichgültige oder gar
verwirrende fallen zu lassen habe, ist oft nicht leicht zu ent-
scheiden. Dazu kommt, dass meistens für den Biographen
nicht einmal mehr res integra ist, dass er soviel wahres, fal-
sches und – was das Aergste ist – halbwahres Gerede aufgeführt findet, dass er, um reine Bahn zu schaffen, und ein
klares, zuverlässiges Bild zu geben, sich auf Vieles einlassen
muss, was am besten gar nicht zur Sprache gebracht wäre.
Das alles kam bei Mozart nur zu oft in Ueberlegung. Wahrhaft beunruhigt aber hat mich die tragische Erzählung von
dem auf Mozart eifersüchtigen Ehemann, der sich selbst
entleibte, nachdem er seine Frau verwundet hatte. Lange
und ernstlich habe ich geschwankt, ob ich sie mittheilen

sollte, und mich schliesslich dazu verpflichtet gehalten, obwohl ich sie nicht völlig ins Klare zu setzen vermochte. Warum ich jetzt wieder darauf zurückkomme, wird sich aus der nachstehenden kurzen Erörterung ergeben.

Als ich mich im Jahre 1859, mehrere Monate in Wien aufhielt, sprach ich öfters bei Karl Czerny[a] ein, der mir in seiner freundlichen mittheilsamen Weise über Beethoven aus seinem langjährigen Verkehr mit ihm Vieles und Interessantes erzählte. Als er mir eines Tags über seine ganz ausserordentliche Phantasie mancherlei berichtet hatte, fügte er hinzu, auch die Frau Hofdemel, die begeisterte Schülerin und Freundin Mozart's, habe erklärt, nachdem sie ihn gehört, das gehe denn doch noch über Mozart. Es habe übrigens Mühe gekostet, dass ihr Beethoven etwas vorgespielt habe. Sie sei nach Wien zum Besuch gekommen und habe bei Czerny's Eltern gewohnt, und als sie den dringenden Wunsch geäussert, Beethoven zu hören, habe der Vater [Czerny] den Sohn, der damals als junger Mensch Beethoven's Unterricht genoss, zu diesem begleitet und ihm die Bitte der Frau Hofdemel mitgetheilt. „Hofdemel?" habe Beethoven gefragt, „ist das nicht die Frau, welche die Geschichte mit Mozart gehabt hat?" und auf die bejahende Antwort rundweg erklärt, vor dieser Frau werde er nicht spielen; auch sei es erst später durch vieles Zureden gelungen, ihn dazu zu bringen, dass die Frau ihn besuchen durfte, wo er dann auch phantasirt habe.

Auf meine Frage, was denn das für eine Geschichte mit Mozart sei, äusserte Czerny sein Erstaunen, dass sie mir unbekannt geblieben, und erzählte mir, Frau Hofdemel sei die Schülerin von Mozart gewesen, ihr Mann sei auf denselben eifersüchtig geworden, und habe in einem Anfall von Raserei seine Frau tödten wollen, sie aber nur durch Schnitte in Hals und Brust gefährlich verwundet, und dann sich selbst entleibt. Er selbst habe in seiner Jugend die Frau, die in Brünn gewohnt habe, bei Besuchen in seinem

---

[a] Karl Czerny (1791-1857), Pianist und Komponist, Schüler Ludwig van Beethovens und Lehrer von Franz Liszt, ist heute vor allem als Klavierpädagoge bekannt.

elterlichen Hause wiederholt gesehen, und da ihm aufgefallen, wie sie die entstellenden Narben am Halse durch ein auf eigene Art gebundenes Tuch zu verdecken gesucht habe, sei ihm von seinem Vater die Begebenheit mitgetheilt worden.

Da Czerny sah, wie diese Erzählung mich ergriff, äusserte er in seiner Aengstlichkeit den Wunsch nicht als Gewährsmann derselben genannt zu werden, und versicherte, sie sei in früheren Jahren in Wien ganz bekannt gewesen. Meine Versuche, dort Bestimmteres über die entsetzliche Begebenheit zu erfahren, schlugen freilich fehl, allein an der Zuverlässigkeit der Czerny'schen Mittheilung zu zweifeln, schien mir damals, wie jetzt, ganz ungerechtfertigt.

Eine Bestätigung gab mir Leopold Schefer's im Taschenbuch Orpheus für 1841 gedruckte Novelle „Mozart und seine Freundin", der ganz unverkennbar in allen wesentlichen Motiven und namentlich im Verlauf der Erzählung eben diese Begebenheit zu Grunde liegt. Auch bemerkt Schefer selbst, dass er eine wahre Begebenheit benutzt habe, die nun auch durch öffentliche Blätter bekannt geworden sei. Hiervon habe ich nun zwar keine Spur auffinden können und ich bin geneigt, es für eine Verwechslung mit den Berichten von der Bestellung des Requiems zu halten, allein ganz unzweifelhaft bleibt es, dass Schefer dieselbe Begebenheit erfahren hatte, welche mir Czerny mitgetheilt hat. Um ganz sicher zu gehen, bat ich Leopold Schefer selbst um Auskunft über die Quelle, aus welcher er geschöpft habe, allein ich erhielt von ihm die Antwort, dass er, der hochbetagte Greis, von seinem Gedächtniss im Stiche gelassen, darüber nichts mehr angeben könne.

Allein meinem verehrten Freund Köchel[a] gelang es, unterstützt von den treuen Nachforschungen des Herrn Franz

---

[a] Ludwig Ritter von Köchel (1800-1877), österreichischer Jurist, erhielt seinen Adelstitel als Erzieher der vier Söhne von Erzherzog Carl in den Jahren 1827-1842. Als Privatgelehrter war er ein weitgereister und anerkannter Biologe und Mineraloge. Als Musikliebhaber weihte er sich ganz Mozart, und als 1851 ein anonymer Autor auf die völlig ungenügende

Leimegger, in der Registratur des Landesgerichtes in Wien ein Aktenstück ausfindig zu machen, aus dem sich über diese Angelegenheit Folgendes ergiebt:

Franz Hofdemel, Kanzellist der k. k. obersten Justizstelle, hatte sich am 10. December 1791 in seiner Wohnung (Stadt, Grünangergasse 1360) selbst entleibt und wurde im allgemeinen Krankenhause gerichtlich beschaut. Offenbar hing mit diesem Selbstmorde die Verwundung seiner schwangeren Frau Magdalene Hofdemel, geb. Pokorny zusammen, da eine Quittung der k. k. Oberbereiterin Therese Weiss vom December 1791 über 120 fl. vorliegt, welche sie „zur nöthigen Verpflegung der verwundeten Frau Hofdemelin" aus dem Nachlasse Franz Hofdemel's durch die Erben erhalten hat. Von der Wittwe selbst ward ein Gesuch um 1000 fl. Entschädigung für die Kosten ihrer Heilung und Entbindung eingereicht, das mit den Worten beginnt: „Es ist leider nur allzubekannt, in was für einen elenden und jammervollen Zustand mich mein Ehegatte Herr F. Hofdemel, Kanzellist bei der höchstlöblichen obersten Justizstelle seel. durch die so vielfältige Zerschneidung meines Angesichts und sonstiger Theile meines Körpers, die meine Ungesundheit und zwar vermuthlich für meiner ganze noch übrige Lebenszeit nach sich ziehet, versetzet, und dass er mich in so einem Zustande als Mutter eines geborenen und eines noch zu hoffenden Kindes hinterlassen habe." Sie erhielt im März 1792 die Summe von 550 fl., zog nach Brünn und gebar dort am 10. Mai einen Knaben, Johann Alexander Franz, der früh gestorben sein muss. Die bei Lebzeiten des Vaters geborne Tochter Theresia war im December 1791 ein Jahr alt.

Kenntnis von Mozarts Musik und ihren Quellen hinwies, beschloss Köchel, Abhilfe zu schaffen. So erschien 1862 sein *Chronologisch-thematisches Verzeichnis sämtlicher Tonwerke Wolfgang Amadé Mozarts* – in Anbetracht der Ausmasse und der begrenzten professionellen Grundlagen seines Verfassers eine hervorragende Arbeit, die als *Köchelverzeichnis* einen Standard für derartige Werkverzeichnisse gesetzt hat und seither mehrfach überarbeitet worden ist.

Dass Mozart mit Hofdemel bekannt war, geht aus einem Document ganz anderer Art hervor, einem von Mozart ausgestellten und geschriebenen Wechsel, den Herr Mendheim in Berlin im Original besass, und der so lautet:

> Wien den 2ten Aprill 789
> A dato 4 Monathe zahle ich Endesgesetzter die Summe von 100 fl. sage Ein Hundert Gulden an Herrn von Hofdemel oder an dessen Ordre, valuta habe baar empfangen, leiste zur Verfallzeit richtige Zahlung und unterwerfe mich einem k.k.N.Oe. Merkantil- und Wechselgericht.
> Sola an mich. Wolfgang Amade Mozart, Kapellmeister in wirklichen k. k. Diensten.

Dass es sich hier um eine und dieselbe Person handelt, ist kaum zu bezweifeln. Jener Franz Hofdemel hinterliess ein Vermögen von 8937 fl.; in seinem Nachlass war unter andern ein Buch gefunden „Die Feierlichkeiten der gerechten und vollkommenen Loge der Einigkeit von Frankfurt a. M.", er war also höchstwahrscheinlich Freimaurer, und mochte auch dadurch Mozart näher getreten sein.

Aktenmässig festgestellt ist also der Selbstmord Franz Hofdemel's und die durch ihn geschehene Verwundung seiner Frau; das Motiv der Eifersucht und dass diese Mozart gegolten habe, kommt hier nicht zur Sprache; dass man damals wenigstens in gewissen Kreisen die Begebenheit so aufgefasst und besprochen habe, ist durch Schefer's und Czerny's Zeugniss erwiesen. Allein es ist nunmehr auch festgestellt, dass die grauenvolle That erst fünf Tage *nach* Mozart's Tode begangen ist, und dadurch wird es, man kann wohl sagen, zur Unmöglichkeit, dass der bis zum Wahnsinn gesteigerte Argwohn des Mannes, wenn er wirklich das Motiv der That war, soweit er Mozart betraf, durch Thatsachen hervorgerufen worden sei. Ueber die Wahrscheinlichkeit eines zu Mozart's Ungunsten verbreiteten Gerüchtes nachträglich Erörterungen anzustellen, hat nunmehr kein Interesse. Mir ist es eine wahre Erleichterung, dass die Vermuthungen, welche sich mir aufgedrängt hatten, die Schatten dieses tragischen Ereignisses möchten Mozart's letzte Lebenszeit verdüstert haben, sich als ganz ungegründet erwiesen haben.

Das 20. Jahrhundert

II

Ulrich Dibelius

Umwelt und Nachwelt

Obgleich über Mozart so unsäglich viel geschrieben
worden ist, wissen wir von ihm selber, von dem, was
in ihm vorging, etwa: wann, wie und weshalb ein
schöpferischer Vorgang ansetzte, wodurch gerade er
Bedeutung erlangte und sich von anderem, nicht nur
bei den Zeitgenossen, sondern in Mozarts eigenem
Schaffen, abhob, so gut wie nichts. Es gibt da immer
wieder Überraschungen, erstaunliche, unerklärbare
Einbrüche und ohne jede Absicht zum Mystifizieren –
ein undurchdringliches tiefes Geheimnis. Bei anderen
Komponisten kann man wenigstens nachträglich Ab-
leitungen oder verfolgbare Entwicklungsgänge konstruieren, auch in der Biographie Anlässe oder Motive
finden, bei Mozart nicht. Jeder, der seine Musik hört,
wird zuallererst einen Eindruck von Klarheit und
Überschaubarkeit haben; doch gerade dieser Eindruck
trügt. Stilistische, häufig sogar durchaus zeitübliche
Ingredienzien lassen sich zwar herauslösen, aber welchem Verwandlungsprozess sie fast unmerklich un-
terworfen wurden, das bleibt – entgegen aller Ver-
trautheit und Familiarität, die man gegenüber Mozarts
Werk empfindet – höchst rätselhaft und entzieht sich
nach wie vor dem Begreifen.

Die Mitwelt bestaunte erst das Wunderkind, verlor
freilich an dem heranwachsenden Musiker zusehends
das Interesse, hielt ihn, ohne das Besondere zu erkennen, für einen von vielen und liess ihn mehr oder weniger unbeachtet verkommen. Die Nachwelt entdeckte

allmählich und je nach der Zeitlage unter wechselnden Vorzeichen das Genie Mozart, zeichnete sich passende Idealbilder von ihm, die oftmals mehr über den Betrachter als über den betrachteten Gegenstand aussagen, und blieb ihm doch durch übersteigerte Glorifizierung, durch schwärmerische Zuneigung fast ebensoviel an Erkenntnis schuldig wie die Mitwelt durch Nichtbeachtung. Genau dazwischen klafft eine Lücke, in der die vernünftige Verständigung über Mozarts Musik stattfinden müsste. Allein, sie lässt sich, wie die Dinge liegen, nicht schliessen. Einmal weil man den historischen Prozess, mit dem Mozarts Nachruhm gewachsen ist, nicht umkehren oder nochmals anders nachholen kann; auch wir stehen mitten darin und können uns nicht daraus lösen. Zum anderen weil es wohl zur Eigenart, zum Typ von Mozarts Musik gehört, dass man sie entweder verkennt oder überschätzt; ein neuerlicher Beweis dafür, dass das Wesentliche und Besondere an ihr eigentlich undefinierbar bleibt: es ist zu unscheinbar.

Gleichwohl lässt sich – gerade im Bewusstsein der unausfüllbaren Lücke, der leeren und deshalb trennenden Stelle zwischen Mozart und unserem Verständnis für ihn – einiges unternehmen, um aus Rückschlüssen und Analogien das schwer Zugängliche unserem Begreifenwollen wenigstens etwas näher zu rücken. Das Faktische und das Belegbare, die Umweltbedingungen und die Nebensächlichkeiten von Mozarts Leben sind, soweit das möglich war, in den letzten Jahren von der Forschung zusammengetragen und in geeigneten Quellenwerken vorgelegt worden. „Jedermann", so schreibt Wolfgang Hildesheimer, kann also die Umstände nach Wunsch und Vermögen selbst deuten und seine Schlüsse selbst ziehen. Ob es jedoch das Verständnis des Phänomens Mozart erleichtert, das sei dahingestellt. Es ist schwer genug, sich das Bild eines zeitgenössischen Genies zu machen, und vor einem Genie der Vergangenheit versagt unsere Vorstellung in zunehmendem Verhältnis zu seinem zeitlichen Abstand. Aber indem wir uns das Versagen eingestehen und es akzeptieren, schützen wir das Genie vor seinen Biographen [...] Die wohlbekannte Objektivität, derer sich Biographen und Geschichtsschreiber gern gerühmt haben – heute breitet sich, zunehmend, Vorsicht aus –, existiert in Wirklichkeit nicht. Der typische Biograph ist ‚in eigentümlicher Weise an seinen Helden fixiert' (Freud). Wir wagen sogar, den ehrlichen Wunsch zur Objektivität anzuzweifeln, vor allem im Fall der Mozartforscher, die von je dazu geneigt haben, das Fremde der Erscheinung empirisch zu belegen, als wollten sie eine Affinität zu ihr konstruieren: das Unheimliche wird überspielt, das als unwesentlich Betrachtete ausgelassen, und somit wird ihre Figur nach allen Seiten, nach oben und nach unten abgerundet, geglättet und frisiert, bis sie einem vagen apollinischen Ideal entspricht. Mozart dagegen entspricht keinem apollinischen Ideal, alle seine Äusserungen ergeben eher das Bild eines dionysischen Typus. An ihm ist alles fremd, alles unheimlich und vor allem – alles wesentlich.[1]

Dieser doppelten Empfehlung Hildesheimers, einerseits bei den zugänglichen historischen Quellen möglichst unmittelbar Auskunft einzuholen, andererseits gegenüber den idealisierenden Beschreibungen der Biographen Skepsis zu bewahren, lässt sich – um zunächst einen fixierten Ansatzpunkt herauszugreifen – am Beispiel des Es-dur-Klavierkonzerts KV 271 nachkommen. Gerade dieses Konzert stellt ja innerhalb Mozarts Entwicklungskurve eines jener unerwarteten, eigentlich unbegründbaren Ereignisse dar, vor denen jedes Wissen oder Begreifenwollen kapitulieren muss. Man kann höchstens versuchen, durch ein Zurückgehen von der hohen Meinung der Nachwelt auf die faktischen Gegebenheiten der Umwelt den Bereich des Fragenswürdigen etwas einzuschränken. Für die hohe Meinung der Nachwelt mag hier die Charakterisierung des Es-dur-Konzerts durch Alfred Einstein als Beleg dienen, eines Biographen, dem selbst Hildesheimer konzediert, er sei „der musikalisch sachlichste und profundeste unter ihnen":

Im Januar 1777 – Mozart feiert seinen einundzwanzigsten Geburtstag – schreibt er ein Konzert, das nichts weniger mehr ist als ein Duplikat oder ein Triplikat (Es, KV 271). Mozart hat es zwar in Paris zusammen mit den beiden vorangehenden veröffentlichen wollen (11. September 1778): „... ich werde 3 Concert, das für die jenomy [Jeunehomme; KV 271]), litsau [Lützow; KV 246], und das aus dem B [KV 238], den stecher der mir die Sonaten gestochen hat, um pares geld geben..." Aber das ist dem Stecher, Monsieur Sieber, der ein ebenso guter Geschäftsmann wie Musiker war, nicht im Traume eingefallen, und schuld daran war vermutlich gerade dies Konzert für Mlle. Jeunehomme oder

„Jenomy", wie Mozart sie nennt. Denn die Käufer, die die beiden anderen Konzerte vielleicht goutiert hätten, hätten dieses letzte sicherlich zurückgewiesen. Es steht in Mozarts Schaffen ebenso überraschend wie einzig da. Durch nichts in der Produktion des Jahres 1776 wird es angekündigt, denn das Divertimento KV 247 ist zwar ein Meisterwerk auf seinem Gebiet, aber eben nur eine fröhliche ‚Finalmusik'. Dies aber ist eines der monumentalen Werke Mozarts, in denen er ganz er selber ist und sein Publikum nicht mehr durch Gefälligkeit und Entgegenkommen zu gewinnen sucht, sondern durch Originalität und Kühnheit. Er hat es nie übertroffen. Es gibt im Schaffen grosser Meister dergleichen Würfe, die Jugendlichkeit und Reife vereinen: die Tizianische Hochzeitstafel, die als *Himmlische und irdische Liebe* bekannt ist, der *Werther* Goethes, die *Eroica* Beethovens. Dies Klavierkonzert in Es-dur ist die ‚*Eroica*' Mozarts. Es besteht zwischen den drei Sätzen nicht nur ein tieferer Gegensatz und infolgedessen eine höhere Einheit, sondern auch eine innigere Verbindung des Solisten mit dem Orchester; und das Orchester ist in sich feiner und reicher belebt – es ist ein *sinfonisches* Orchester. Der Mittelsatz, ein Andantino, ist ein schlagendes Beispiel. C-moll: der erste Mollsatz in einem Mozartschen Konzert, Vorläufer des c-moll-Andantes in der Sinfonia concertante von 1779 für Violine und Viola; con sordino; Kanon zwischen Violine eins und zwei; das Solo wiederholt nicht etwa das Tutti, sondern ergeht sich über ihm in freier Kantabilität; die Melodik des ganzen Satzes ist so *beredt*, dass sie jeden Augenblick in wirkliches Rezitativ übergehen kann. In den letzten Takten verschwinden die Dämpfer, die Verhaltenheit bricht aus in offenes Recitativo. Und dem Gehalt dieses langsamen Satzes entsprechen die beiden Aussensätze. Gleich am Aufbau des Themas nehmen Orchester und Solist gemeinsam teil; der Solist führt mit voller und stolzer Souveränität, aber zum erstenmal lässt er sich auch dazu herbei, ein Glied des Orchesters, es ist die erste Oboe, mit blossen Akkorden zu *begleiten*. Was für ein Gegensatz zu den Konzerten Johann Christian Bachs, in denen blosse Akkorde manchmal die Führung haben, während im Orchester – nichts geschieht, in denen das Ideal des Konzerts nicht hinausgeht über den Begriff: Solo mit Begleitung! Die innere Erregung Mozarts bei der Schöpfung dieses Konzerts führt zu immer neuen Überraschungen in der Form und in der kleinsten Einzelheit; nichts, auch nicht die Kadenzen, ist dem blossen Zufall überlassen. Die grösste Überraschung ist, im Finalpresto, der Einbau eines echten Menuetts – in As, mit vier Variationen – in den virtuosen Glanz dieses Rondos. Aber es ist hier kein Ausflug ins ‚Popolare' wie in den Violinkonzerten. Dies Menuett ist ernst, elegant, ritterlich, ausdrucksvoll; all das zugleich; die tiefe Erregung des Andantino zittert nach und sucht nach Ausgleich. Nirgends ist Virtuosität gesucht; dennoch stellt dies Konzert auch in technischer Beziehung höhere Ansprüche als die vorangehenden Konzerte. Man möchte gerne etwas Näheres wissen über Mlle. „Jenomy", die Mozart zu solchem Werk inspiriert und die er in Paris wohl wiedergetroffen hat; aber sie bleibt, vorläufig, eine legendäre Erscheinung.[2]

Die Bezeichnung „legendäre Erscheinung", die Alfred Einstein hier für die französische Klaviervirtuosin Jeunehomme gebraucht, scheint noch in einem weiteren Sinn zuzutreffen. Denn die Widmung ist ja zunächst der einzige Hinweis; und es ergibt sich daraus die Frage, ob sie nicht zugleich die besondere Stellung, den herausgehobenen Rang des Es-dur-Konzertes KV 271 erklären könnte. Widmungen haben auch die beiden vorausgehenden Klavierkonzerte erhalten; das in Es-dur für drei Klaviere KV 242 wurde für die Frau und die beiden Töchter des salzburgischen Erbmarschalls Ernst Graf Lodron geschrieben, nach dem Schwierigkeitsgrad und dem „galanten" Stil offenbar drei dilettierende Gesellschaftsdamen; das in C-dur KV 246 dagegen für eine eigene Schülerin, Gräfin Lützow, Nichte des Erzbischofs und zweite Frau des Kommandanten der Feste Hohensalzburg, derzuliebe Mozart weniger Konzessionen machen musste. Alfred Orel hat aus diesen Tatsachen geschlossen, dass „Courtoisie gegenüber den vornehmen Kreisen der Salzachstadt, vielleicht auch Aufträge von dieser Seite, endlich aber das Verlangen, seinem Namen auch auswärts wieder Geltung zu verschaffen, die unmittelbare Veranlassung" für diese drei Konzertkompositionen Mozarts gewesen seien.[3] Das ist sicher richtig, aber ebnet den Unterschied zwischen den ungleichwertigen Stücken eher ein, als dass ein Motiv für die überraschende, herausfallende musikalische Diktion des *Jeunehomme-Konzertes* erkennbar würde. Dennoch ist es latent bereits enthalten, wenn man den Unterschied zwischen den Widmungsträgerinnen ebenfalls berücksichtigt.

Mademoiselle Jeunehomme hatte Ende 1776 Salzburg besucht und dabei wohl Mozart nicht nur kennen, sondern auch seine Musik schätzen gelernt. Jedenfalls muss diese französische Pianistin auf Mozart inmitten aller Salzburger Beengung tatsächlich wie eine „legendäre Erscheinung", eine Abgesandte, der grossen musikalischen Welt, nach der er sich sehnte, gewirkt haben. Noch im selben Jahr 1777, zu dessen Beginn Mozart das *Jeunehomme-Konzert* komponiert hatte, begab sich Mozart mit seiner Mutter auf die Reise nach Paris. Bereits wenige Tage nach der Abfahrt aus Salzburg schreibt er dem Vater nach Hause: „Ich bin immer in meinen schönsten Humor. mir ist so feder leicht ums herz seit dem ich von dieser Chicane weg bin!" (26. September 1777)

Und wenige Wochen danach erklärt er sich dem Vater im Rückblick auf Salzburg etwas näher:

„ich hoffe auch, dass sie iezt weniger verdruss haben, als da ich noch in Salzburg war; denn ich muss bekennen, dass ich die einzige ursach war. man gieng mit mir schlecht um; ich verdiente es nicht. sie nahmen natürlicherweis antheil – – aber zu sehr. sehen sie, das war auch die gröste und wichtigste ursache warum ich so vom Salzburg weg eilte." (8. November 1777)

Was Mozart sich von Paris erhoffte, wie sehr er mit dieser Stadt den Traum von Freiheit und künstlerischer Betätigungsmöglichkeit verband, lässt sich aus zweierlei Briefstellen erschliessen. Einmal aus der suggestiven Emphase des Vaters, der, als Mutter und Sohn in Mannheim zu lange verweilten, eine zornig-liebevolle Zurechtweisung startete:

„Fort mit Dir nach Paris! und das bald, setze dich grossen Leuten an die Seite – aut Caesar aut nihil, der

174

einzige Gedancke Paris zu sehen, hätte dich vor allen fliegenden Einfällen bewahren sollen. Von Paris aus geht der Rhum und Name eines Mannes von grossem Talente durch die ganze Welt, da behandelt der Adl Leute von Genie mit der grössten Herablassung, Hochschätzung und Höflichkeit, – da siehet man eine schöne Lebensart, die ganz erstaunlich absticht gegen der Grobheit unserer Teutschen Cavalliers und Damen ...“ (12. Februar 1778)

Sodann kann man die grossen Erwartungen, die – vom Vater angehalten – auch der 22jährige Mozart auf Paris setzte, noch aus seiner Enttäuschung über die tatsächlichen Vorkommnisse heraushören:

„wenn hier ein ort wäre, wo die leüte ohren hätten, herz zum empfinden, und nur ein wenig etwas von der Musique verstünden, und gusto hätten, so würde ich von herzen zu allen diesen sachen lachen, aber so bin ich unter lauter vieher und bestien (was die Musique anbelangt) wie kann es aber anderst seyn, sie sind ja in allen ihren handlungen, Leidenschaften und Passionen auch nichts anders – es giebt ja kein ort in der welt wie Paris. sie därfen nicht glauben, dass ich ausschweife, wenn ich von der hiesigen Musique so rede. wenden sie sich an wem sie wollen nur an keinen gebohrnen franzosen – so wird man ihnen (wens jemand ist an dem man sich wenden kann) das nemliche sagen. Nun bin ich hier. ich mus aushalten, und das ihnen zu lieb. ich danck gott dem allmächtigen wenn ich mit gesunden gusto davon komme.“ (1.Mai 1778)

Als Mozart das Klavierkonzert für Mademoiselle Jeunehomme komponierte, war freilich das strahlende Paris-Bild des Vaters noch allein gültig – offenbar eine vergoldete Erinnerung an frühere Eindrücke von der grossen Kunstreise mit den beiden Wunderkindern – und durch keinerlei eigene Erfahrung überprüft und berichtigt worden. Dafür hatte damals die Salzburger Gegenwart volle Realität. Und wie bedrückend Mozart sie empfand, geht aus einem Brief hervor, den er auf der Rückreise von Paris, mit der Gewissheit, demnächst wieder in Salzburg anzukommen, an den befreundeten Abbé Bullinger schrieb:

„Nun von unserer Salzburger History! sie wissen, bester freünd, wie mir Salzburg verhasst ist! – nicht allein wegen den ungerechtigkeiten die mein lieber vatter und ich aldort ausgestanden, welches schon genug wäre, um so ein ort ganz zu vergessen, und ganz aus den gedancken zu vertilgen! – aber lassen wir nun alles gut seyn – es soll sich alles so schicken, dass wir gut leben können; – gut leben, und vergnügt leben, ist zweyerley...

Nun, es mag geschehen was will, – mir wird es allzeit das grösste vergnügen seyn, meinen liebsten vatter und liebste schwester zu ummarmen, und zwar je ehender je lieber; aber das kann ich doch nicht läugnen, das mein vergnügen und meine freüde dopelt seyn würde – wenns wo anderst geschehe – – weil ich überall mehr hofnung habe vergnügt und glücklich leben zu können! – sie werden mich vielleicht unrecht verstehen, und glauben Salzburg seye mir zu klein? – da würden sie sich sehr betrügen; – ich habe meinem vattern schon einige ursachen darüber geschrieben; unterdessen begnügen sie sich auch mit dieser, dass Salzburg kein ort für mein Talent ist! – Erstens sind die leüte von der Musick in keinen ansehen, und zwey tens hört man nichts; es ist kein Theater da, keine opera! – wenn man auch wircklich eine spiellen wollte, wer würde denn singen? – seit 5 gegen 6 jahre war die Salzburgerische Musick noch immer Reich am unützlichen, – unothwendigen – aber sehr arm am nothwendigen, und des unentberlichsten gänzlich beraubt; wie nun wircklich der fall ist!" (7. August 1778 an Abbé Joseph Bullinger)

Wenn die tatsächlichen Verhältnisse in Salzburg und die etwas irreal verklärten Vorstellungen von Paris auch auf einen möglichen Anlass hinweisen, weshalb Mozart die Begegnung mit einer französischen Pianistin wie der seltene Kontakt mit der grossen Musikwelt vorgekommen sein mag, weshalb dieses Ereignis also seine Phantasie erregte und ein Klavierkonzert von staunenswerter Ausserordentlichkeit provozierte, so ist dadurch die besondere musikalische Beschaffenheit dieses Konzertes selbst natürlich keineswegs erklärt. Man muss da, um vagen und letztlich nichtssagenden Spekulationen zu entgehen, wohl auf ein relativ belegbares Phänomen wie das von Mozarts Produktivkraft verweisen; eine Produktivkraft, die als ihr unbewusstes Ziel den Prozess zunehmender Sublimierung mit einschloss und ihn ständig vorantrieb. Sie eben war auch fähig, im Unauffälligen, Unscheinbaren das Besondere zu installieren und es auf Abruf, also im Moment einer günstigen Konstellation, hervortreten zu lassen. Auf die merkwürdige kreative Notwendigkeit, unter deren Einfluss Mozart gearbeitet hat, auf das innere Muss seines Schaffens hat Leo Schrade aufmerksam gemacht:

Ein Wort zum Umfang des Werkes, das einer hässlichen Statistik ähnlich sehen mag und doch eine gewisse Bedeutung für Mozarts Schaffen beanspruchen darf. Im Jahre 1770 hat Mozart das erste Hundert seiner Kompositionen vollendet, also im Alter von 14 Jahren. Danach hat er in ganz regelmässigen zeitlichen Abständen von genau vier Jahren ein neues volles Hundert abgeschlossen, also 1774 das zweite, 1778 das dritte, 1782 das vierte, 1786 das fünfte. Und nur in den letzten fünf Jahren findet sich so etwas wie eine Unregelmässigkeit. Natürlich steht in jeder Gruppe von hundert Kompositionen sehr Unterschiedliches nebeneinander: eine grosse Oper oder Symphonie neben einem kleinen Rondo, einem Lied, einer Arie, so dass die Werke anscheinend gar nicht miteinander verglichen werden dürften. Wenn man aber den Gesamtumfang – ich meine nur der Quantität nach – in jeder Gruppe von etwa hundert Kompositionen in Betracht zieht, so zeigt sich in auffallender Weise, dass Mozart auch dem Umfang nach in allen Perioden von vier Jahren immer ungefähr das Gleiche geschaffen hat. Eine erstaunliche Regelmässigkeit also, eine Stetigkeit des Schaffens, die mir nicht nur aus einer niemals versagenden schöpferischen Kraft zu kommen scheint, sondern auch aus einer künstlerischen Disziplin des Komponierens, die sich kaum jemals beirren liess. Und all dies ist um so bemerkenswerter, als ja Mozart nicht an eine offizielle Stellung gebunden war, die von ihm, wie etwa von Haydn, und wie es den Zeiten überhaupt gemäss war, die Regelmässigkeit einer ununterbrochenen Produktion forderte. Mozart hat diese Aufforderung zur Disziplin und Stetigkeit des Schaffens, die von aussen kam, nicht besessen. Trotz dieses Mangels der Gebundenheit an die musikalische Ordnung seiner Zeit zeigt sein Schaffen doch eine weit grössere Regelmässigkeit, als es selbst bei den meisten Musikern der Fall war, die in offiziellen Stellungen wirkten.

So besitzt denn Mozart diese bewundernswerte Stetigkeit als ein ihm Eigenes, das von aussen her kaum beeinflusst wurde – unbeschadet der Tatsache, dass auch er seine Werke im ‚Auftrag' geschaffen hat. Nur gab es in seinem Leben Zeiten, wo er Mühe hatte, Aufträge überhaupt zu finden. Allein die letzte Periode von fünf Jahren, von 1786 bis 1791, bringt die erste, die einzige Unregelmässigkeit. Die Jahre 1789 und 1790 reissen eine Lücke in die Kette, deren Glieder sich bis dahin stetig einander angefügt hatten. Gewiss gibt es in den früheren Perioden von vier Jahren bald eine raschere, bald eine langsamere Folge der Kompositionen. Das Tempo des Schaffens innerhalb einer Periode wechselt naturgemäss. Aber es kommt niemals zu einem wirklichen Stillstand. In den beiden Jahren vor dem Tode handelt es sich aber um eine wirkliche Pause, und sie von den Bedingungen des Lebens trennen zu wollen, wäre kaum statthaft. Im übrigen sind es wohl die trostlosesten Bedingungen, die es im Leben Mozarts gegeben hat. Nur zwei Jahre sind es – in der kurzen Lebensfrist des Komponisten bedeuten sie freilich weit mehr – und doch scheinen sie endlose Jahre einer Rastlosigkeit zu sein, wie man ihr, wenigstens in dieser Form, sonst im Leben Mozarts nicht begegnet. Wohl wird er oft und in allen Perioden seines Schaffens von einer merkwürdigen Unruhe getrieben, die schon gar nicht in die Vorstellung von der angeblichen Heiterkeit, Ruhe und Grazie hineinpasst. Aber das Rastlose, die Hilflosigkeit, das Hoffnungslose der Jahre 1789 und 1790 ist doch etwas anderes. Dieser Pause, die alles andere als eine Ruhepause ist, folgt dann im Todesjahr fast schon mit der Überstürzung, die von dem Wissen um das Ende kommt: die *Zauberflöte*, der *Titus*, die *f-moll-Fantasie*, das *Ave verum*, das *Requiem* und anderes mehr. [...][4]

[1] Wolfgang Hildesheimer: *Wer war Mozart?* Frankfurt 1966, S. 8f.
[2] *Einstein*, S. 284f.
[3] Alfred Orel: Die Konzerte. In: *Mozart, Aspekte*. Hrsg. von Paul Schaller und Hans Kühner. Olten 1956, S. 82.
[4] Leo Schrade: *W. A. Mozart*. Bern 1964, S. 22-24 (leicht gekürzt).

Konrad Küster

Die Werkstatt des Komponisten

Wie kam es zum A-Dur-Klavierkonzert KV 488?

Blicke in die Werkstatt eines Künstlers zu tun grenzt bisweilen an ein Sakrileg; manchem Betrachter mag es peinlich sein, sich zu erdreisten, die Regungen eines Genies scheinbar kühl-distanziert zu beobachten und zu notieren, als handele es sich um etwas, das mit einer mathematisch-physikalischen Formel erfassbar ist. Manche Werke fordern allerdings direkt dazu heraus, sich in deren Entstehungsgeschichte zu vertiefen, sie also nicht nur als künstlerischen Schlusspunkt einer Entwicklung zu betrachten und als gegebenes Ganzes hinzunehmen.

Kompositionspartituren grösserer Werke zeugen häufig davon, dass ein Komponist Details zunächst anders angelegt hatte, als sie in der endgültigen Fassung enthalten sind; derartige punktuelle Korrekturen sollen hier ausser Betracht bleiben. Vielmehr geht es im Falle des A-Dur-Klavierkonzerts KV 488 um Grundsätzliches, um grössere Einheiten eines Werks, und dieses Konzert ist geradezu ein Musterbeispiel dafür, wie weit Mozarts Arbeit in konzeptionellen Fragen ausgriff, bevor die endgültige Realisierung erreicht war. Wie jedes andere Konzert Mozarts beginnt das Werk mit einem Einleitungssatz in typischer Konzertform; der Konzert-Mittelsatz gehört zu den wenigen bei Mozart, die in einer Moll-Tonart stehen (fis-Moll) und vom Solisten völlig allein begonnen werden, und der Schlusssatz ist wie in so vielen anderen Mozart-Konzerten ein Rondo. Auffällig ist aber zunächst die Tonart des Werks an sich: A-Dur ermöglichte keinen Einsatz von Trompeten – aber den von Klarinetten, und eigenartigerweise fehlen die sonst durchweg üblichen Oboen. Besetzung, Tonart (auch die des Mittelsatzes) und Solo-Beginn des Adagios sind aber in keiner Weise ‚verdächtig‘, wenngleich wesentliche Punkte, die es im folgenden zu beachten gilt.

Beim Blick in die Werkstatt hat man sich zunächst den Arbeitsmitteln zu widmen: dem Papier, der Feder, der Tinte. Papier (nicht nur Notenpapier) besorgt man sich üblicherweise in grösseren Mengen, und sobald ein Packen davon verbraucht ist, kauft man sich einen neuen. Papier des 18. Jahrhunderts trägt häufig eine Herstellerangabe: ein Wasserzeichen. Unterschiedliche Papiermühlen verwenden selbstverständlich unterschiedliche Wasserzeichen, und sogar eine einzige konnte nicht fortwährend dasselbe benutzen, sondern musste gelegentlich eine Papier-Schöpfform durch eine neue ersetzen, wobei auch das Wasserzeichen sein Aussehen geringfügig änderte. Bisweilen kann es geschehen, dass sich ein zusammenhängendes Schriftstück grösseren Umfangs (wie die Partitur eines Klavierkonzerts) aus Papieren mit unterschiedlichen Wasserzeichen zusammensetzt. Finden sich Papiere gleicher Provenienz auch in anderen Werkzusammenhängen und hat der Schreiber – wie häufig Mozart – die einzelnen Schriftstücke mit genauen Daten versehen, lässt sich allein schon aus den unterschiedlichen Papiertypen mit fast kriminalistischer Sicherheit ein zuverlässiges historisches Gerüst zur Chronologie nicht nur der Papierverwendung des Schreibers entwickeln, sondern auch zu dessen Arbeitsweise, denn bisweilen zeigt sich anhand dieses historischen Gerüsts, dass die Arbeit im einzelnen nicht kontinuierlich ablief, sondern stockte und erst Monate später fortgesetzt wurde – als der alte Papierstapel längst verbraucht und ein neuer angefangen war.

Komponisten benötigen Notenpapier; in manchen Fällen ergeben sich weitere Anhaltspunkte für die Untersuchung der Entstehungsgeschichte eines Werks aus der Zahl der Notensysteme und auch daraus, ob diese maschinell oder von Hand gezogen wurden. Dieser Aspekt allerdings ist für das A-Dur-Klavierkonzert unerheblich. Das Schriftbild einer Partitur lässt schliesslich aber erkennen, in welchen Arbeitsgängen diese geschaffen wurde: Eine Feder ist bald spitzer, bald stumpfer zugeschnitten und trägt dazu bei, dass das Schriftbild uneinheitlich wird; die Tintenfärbung unterstützt den optischen Gesamteindruck einer ‚Uneinheitlichkeit' dadurch, dass sie bald etwas heller, bald etwas dunkler erscheint, etwa je nach der Rezeptur, nach der die Füllung eines Tintenfasses hergestellt wurde. So lässt sich in jenem A-Dur-Klavierkonzert klar feststellen, dass das erhaltene Autograph wirklich eine Kompositionspartitur ist: Man erkennt, dass Mozart zunächst vor allem die melodietragenden Stimmen niederschrieb (am ehesten also Teile des Klavierparts und die Stimme der ersten Violine), dazu den Bass sowie grundsätzliche Anhaltspunkte über die Begleitstrukturen, die Mozart später im einzelnen ausführte, oder momentane, wichtige Einwürfe von Nebenstimmen in den Verlauf des Melodiestimmen-Komplexes.

Wichtig ist im Rahmen der Entstehungsgeschichte des A-Dur-Konzerts zunächst die Frage des benutzten Papiers. Zwar setzte Mozart auf die ersten Notenseite das Datum 2. März 1786, doch das Papier, das er für die erste Hälfte des ersten Satzes verwendet hat (also auch für die Seite mit dem Datum), war zu diesem Zeitpunkt bereits monatelang ausser Gebrauch. Alan Tyson, der die Papiere auch in diesem Werk untersuchte,[1] konnte sogar nicht umhin, den Beginn des ersten Satzes dem Jahr 1784 zuzuordnen, allenfalls noch dem Jahresanfang 1785; Mozart hätte also im Frühjahr 1786 lediglich einen Entwurf zu Ende geführt, der schon mindestens ein Jahr alt war, nicht aber das ganze Werk damals neu komponiert. Die Fertigstellung erfolgte dann auf Papier, das Mozart von etwa Dezember 1785 an zur Verfügung stand, also etwa gerade in dem Vierteljahr, das der Vollendung des Gesamtwerks vorausgeht.

Aber auch der Rest des Werks entstand nicht in einem Zug. Ein Anhaltspunkt dafür, dass Mozarts Arbeit nicht bruchlos fortschritt: Mit dem dritten Satz fängt die Zählung der Blätter wieder mit „1" an. Hat Mozart also das Rondo komponiert, ohne dass das Adagio fertig war (womit ihm eine genaue Seitenzahl-Angabe zur Verfügung gestanden hätte) – oder hat er das Rondo gar zunächst unabhängig vom übrigen Konzert entworfen? Doch damit noch nicht genug: Aus etwa gleicher Zeit gibt es vier Skizzen zu langsamen und schnellen Sätzen, die allesamt im A-Dur-Konzert KV 488 hätten aufgehen können. Kaum eine ist länger als zwanzig Takte, und sie alle beschreiben Satzanfänge, freilich in unterschiedlicher Form; drei von ihnen könnten ein Schlussrondo, einer einen langsamen Mittelsatz nach sich ziehen. Dies allerdings sind nur erste Äusserlich-keiten, die von Detailschritten der Entstehungsge-schichte berichten; vertieft man sich weiter in die Quel-len, so klärt sich auch die Verworrenheit auf, die sich beim ersten Betrachten darbietet.

Innere stilistische Gründe sprechen dafür, dass Mozart das A-Dur-Konzert tatsächlich schon 1784 zu komponieren begann: Der erste Satz ist in seinen Solo-abschnitten (bis nach dem charakteristischen ‚ersten Tuttieinwurf') ziemlich ähnlich angelegt wie in den Konzerten in G-Dur und B-Dur KV 453 und 456, die Mozart zwischen April und September 1784 vollende-te, also anderthalb bis zwei Jahre vor dem Abschluss der Arbeiten am A-Dur-Konzert. In allen drei Werken führt Mozart den Verlauf der Soloexposition auffallend dicht an dem thematischen Material entlang, das zuvor das Orchester im Anfangstutti eingeführt hatte; freie, neu für die Soloexpositions-Entwicklung eingeführte Motivik gibt es dort praktisch nicht, allenfalls neue ‚Zierfloskeln' zur Anreicherung des bereits dagewese-nen Materials[2].

Diese erste Schaffensphase endete nach etwa 145 der 313 Takte des ersten Satzes, mitten im Mittentutti. Mozart hatte bis dahin nur die sinntragenden Stimmen notiert – was ihm später den Wiedereinstieg in die Kompositionsarbeit wesentlich erleichterte. Er hatte den Satz nämlich für die Besetzung konzipiert, die für die Konzerte des fortgeschrittenen Jahres 1784 typisch ist, und in den Bläsern hatte er Stimmen für Flöte, zwei Oboen, zwei Fagotte und zwei Hörner vorgesehen. Mozarts Klangvorstellungen für das Klavierkonzert entwickelten sich von dort aus allerdings noch fort, und als er den A-Dur-Konzertbeginn wieder aufgriff, entsprach die einst angestrebte Besetzung offenbar nicht mehr dem, wovon seine kompositorische Inspiration sich momentan herausgefordert fühlte. Er griff zum Messer, schabte in der Partitur die Tinte der ursprünglichen Stimmenangabe für die beiden Oboen fort und setzte als neue Besetzungsangabe ein: „2 Clarinetti". Natürlich nur die Rasur und die neue Beschriftung sind an dieser Stelle eindeutig zu erkennen, und das ursprünglich für die beiden Oboen vorgesehene Notensystem liess sich weithin problemlos für die neuen Klarinettenparts benutzen – allerdings nicht durchgängig, denn an zwei Stellen hatte Mozart bereits Musik eingetragen, die er den Oboen anvertrauen wollte. Es kostete ihn zwar keine Mühe, seine Vorstellungen insofern zu korrigieren, dass er nun die Oboen-Führung den Klarinetten zu übertragen bereit war, doch dies führte ihn zu Notationsproblemen. Oboen haben C als Grundton; wenn sie in A-Dur spielen sollen, müssen ihnen (wie auch beispielsweise dem Klavier) drei Kreuze vorgezeichnet werden. Der Klarinetten-Grundton dagegen ist A, zumindest bei den hier zu wählenden Instrumenten; die Tonleiter der Grundgriffe ist A-Dur (statt C-Dur bei der Oboe), so dass man mit der Angabe einer tonartlich korrekten Drei-Kreuze-Vorzeichnung bei einem Klarinettisten eher Verwirrung als Klarheit schafft. Eine A-Klarinettenstimme wird daher (übrigens bis heute) in Griffschrift niedergeschrieben; jeder Spieler weiss, dass sein Part eine Terz höher notiert ist, als er erklingt, doch er begibt sich damit in den Genuss einer klaren, dem Spielen angepassten Notationsweise: Für ein A-Dur-Werk erhält er eine Stimme ohne Vorzeichen, greift also auf seinem A-Instrument einen Part, der wie C-Dur aussieht, und die Bauweise des Instruments ‚besorgt' den erwünschten A-Dur-Klang. Eine Terz höher notiert: Das bedeutete, dass Mozart in der veränderten Version seines A-Dur-Konzerts die Oboenstimmen nicht unverändert stehen lassen konnte; er klammerte daher die ursprünglichen Eintragungen ein und verzeichnete die ‚richtige', transponierte Version der Klarinettenstimmen an späterer Stelle in der Partitur. Diese Notations-Diskrepanz ist somit ein zusätzlicher Hinweis darauf, dass die am Beginn der Partitur getilgte Instrumentenbezeichnung zwei Oboen gegolten hat.

Dieser Plan-Wechsel gehört offenbar in eine relativ späte Arbeitsphase Mozarts an jenem Konzert. Darauf deutet schon dessen kompositorische Umgebung hin: In Klavierkonzerten verwendet Mozart ansonsten nur in den Werken Es-Dur KV 482 (Dezember 1785) und c-Moll KV 491 (März 1786) Klarinetten, schliesslich im Konzert nur noch in dem wohl 1787 entstandenen Hornkonzert KV 447[3]. Sollte Mozart erst aus der Arbeit an dem Es-Dur-Klavierkonzert heraus die Anregung erhalten haben, den schon rund anderthalb Jahre alten Entwurf entsprechend umzumodeln?

Nicht völlig auszuschliessen ist, dass Mozarts Planungen zunächst weiterhin von einer Oboenversion ausgingen. Vermutlich im Zusammenhang mit dem A-Dur-Konzert notierte er elf Takte einer Klavierstimme (KV 488d), mit denen das Schlussrondo eines A-Dur-Klavierkonzerts beginnen könnte. Er setzte, ähnlich wie für den sonstigen Arbeitsprozess festgestellt, die Klavierstimme bereits so auf das Notenblatt, dass alle Orchesterstimmen in üblicher Anordnung nachgetragen werden könnten, und die Zahl der freigehaltenen Systeme spricht nicht dagegen, dass die Skizze tatsächlich mit Blick auf das bereits begonnene A-Dur-Konzert entstand. Die genaue Besetzung liess Mozart offen; dass er aber noch an eine Oboenbesetzung dachte, ergibt sich gerade aus der Sorglosigkeit, mit der er diese Skizze niederschrieb: Bei allen übrigen vollendeten Entwürfen, die sich dem A-Dur-Konzert zuordnen lassen, unterliess er nicht, von vornherein in allen Stimmen Schlüsselung, Vorzeichnung und Taktart anzugeben. Da er Klarinettenstimmen in Griffschrift zu notieren hatte, musste er die Vorzeichnung für sie den entsprechenden, besonderen Verhältnissen anpassen, und damit war für ihn in jenen Entwürfen von vornherein eine Klarinettenbesetzung festgelegt – und sei es nur als allgemeine Gedächtnisstütze, also ohne dass auch nur eine einzige Note in den entsprechenden Zeilen notiert war. Diese Gedächtnisstütze hielt er aber bei jenem ‚frühen' Entwurf offenbar für überflüssig; vermutlich stand eine Oboenbesetzung für ihn also noch ausser Frage.

Alle drei weiteren Skizzen sind somit unzweifelhaft auf eine Klarinettenbesetzung hin angelegt, dürften also in der Schlussphase der Arbeit an jenem Konzert entstanden sein. Zusammen mit den schliesslich ausgeführten Satz-Versionen für Adagio und Finale handelt es sich also um fünf Möglichkeiten, in die Mozarts A-Dur-Klavierkonzert Ende 1785 oder Anfang 1786 in seinem Verlauf hätte münden können: Es gab eine Alternative für den Mittelsatz, mindestens zwei (wenn nicht auch noch weiterhin die ‚frühere' dritte) für den Schlusssatz!

Vermutlich ist der endgültige zweite Satz tatsächlich eines der jüngsten Bestandteile des Konzerts: Er steht, wie erwähnt, in fis-Moll (Tonikaparallele zu

A-Dur) und wird vom Klavier völlig allein eröffnet. Die Alternative (KV 488a) steht in der Subdominante D-Dur, und in ihren ersten Takten spielt das Orchester, vermutlich ohne den Solisten. Subdominante und Orchestereröffnung sind Standardsymptome im Konzert-Mittelsatz (allenfalls liesse er sich in die Dominante versetzen); dies ist beispielsweise die Situation auch im C-Dur-Konzert KV 467, dem Vor-Vorgänger des A-Dur-Konzerts. Moll-Mittelsätze haben sowohl der unmittelbare Vorgänger, das Es-Dur-Konzert KV 482, als auch das noch ältere B-Dur-Konzert KV 456. Nur einmal hatte dagegen zuvor in einem Konzert der Solist den Mittelsatz ohne jegliche Begleitung begonnen: im d-Moll-Konzert KV 466 (nicht also auch in den beiden unmittelbaren Vorgängern des A-Dur-Konzerts). Moll-Tonart des Mittelsatzes und solistischer Beginn sind also als Kombination im A-Dur-Konzert etwas absolut Neues, doch da Mozart auf jenen Solobeginn später nur noch einmal verzichtete (im C-Dur-Konzert KV 503), kommt gerade jenem eine besondere Signalwirkung zu: Sollte Mozart erst nach dem Abschluss des Es-Dur-Konzerts (16. 12. 1785) auf die Idee gekommen sein, für den Mittelsatz des aktuell in Arbeit stehenden A-Dur-Werks statt der schon skizzierten Version, dem Standardverfahren, das Moll aus dem Es-Dur-Konzert mit dem Solobeginn aus dem d-Moll-Konzert zu verbinden?

Mozarts D-Dur-Entwurf steht im Dreivierteltakt, seine endgültige fis-Moll-‚Lösung‘ im Sechsachteltakt; dies aber ist auch die Vorzeichnung eines weiteren Schlusssatz-Entwurfs (KV 488c). Damit eröffnet sich die Möglichkeit, einen weiteren Schritt in Mozarts Kompositionsverfahren festzustellen: Der

Sechsachteltakt dieses Schlusssatzes hätte zu dem des fis-Moll-Satzes nicht den erwünschten Kontrast geboten, zumal beide Sätze einander bei einer Koppelung auch motivisch allzu ähnlich gewesen wären. Hat daher die fis-Moll-Idee zum Ausscheiden des Entwurfs KV 488c geführt, der mit dem Dreivierteltakt des D-Dur-Entwurfs [KV 488a] noch gut harmoniert hätte?

Bleibt noch der dritte verworfene Rondo-Entwurf [KV 488b]. Er steht wie die ausgeführte Version im Allabreve-Viervierteltakt. Denkbar ist also, dass Mozarts Schlusssatz-Vorstellungen hier der endgültigen Konkretisierung schon nahe waren und dann plötzlich noch umschwenkten; ähnlich ist für das d-Moll-Konzert KV 466 sogar noch in der endgültigen Partitur eine dann doch verworfene Schlusssatz-Skizze enthalten, die aber ebenfalls im gleichen Takt steht wie die definitive Lösung. Die Skizze KV 488b dürfte dem endgültigen Schlusssatz also nur kurz vorausgegangen sein – doch dieser wäre entstanden, bevor Mozart den Mittelsatz vollendete (da zwischen beiden Sätzen die Blattzählung von vorn beginnt).

Damit wäre die Entstehung der endgültigen – und zweifellos schlüssigen – Satzfolge versuchsweise rekonstruiert; zugleich lässt sich erkennen, welche Sätze-Verbindungen anstelle der endgültigen möglich und für die Nachwelt wohl ähnlich schlüssig gewesen wären: eine Folge aus dem D-Dur-Mittelsatz [KV 488a] und dem Sechsachtel-Rondo [KV 488c], ebenso eine Folge aus dem völlig ausgeführten fis-Moll-Mittelsatz und dem verworfenen Allabreve-Finale-Entwurf [488b], jeweils als Fortsetzung des wesentlich früher begonnenen Anfangssatzes. Doch selbst dieser nahm in seiner endgültigen Ausführung wohl andere Züge an, als er sie 1784 erhalten haben könnte. Damals experimentierte Mozart damit, die Reprisen nicht (wie aus der Konzerttradition heraus üblich) an die Soloexposition anzunähern, sondern an das Anfangstutti, vermutlich weil er erkannt hatte, dass für dieses und die Reprise die gleichen harmonischen Rahmenbedingungen gelten (beide stehen stabil in der Tonika)[4]. Da er im A-Dur-Konzert die Soloexposition bereits daraufhin angelegt hatte (wie auch in den Konzerten KV 453 und 456), wäre das Verfahren vermutlich auch hier angewandt worden, hätte Mozart den Satz schon früher vollendet. Das Verfahren kam zu seiner extremen Ausprägung im Es-Dur-Konzert KV 482 und hatte danach für Mozart offenbar jegliche Aktualität verloren. Hatte sich diese kompositorische Herausforderung für ihn damit so sehr entladen, dass er von nun an nie wieder zu dieser Technik greifen mochte? Jedenfalls verzichtete Mozart für die Reprise des A-Dur-Konzerts völlig auf die Umsetzung jener 1784/85 kurzzeitig vorherrschenden Idee. Damit nahm das Konzert sogar im Inneren des Anfangssatzes einen grundsätzlich anderen Verlauf als den, der bei zusammenhängender Komposition wahrscheinlich herausgekommen wäre, und in der Realisierung der Einzelsätze sind die fortschreitenden Reifungsprozesse der Mozartschen Konzertform klar differenziert erkennbar.

Der Mozart-Forscher Alfred Einstein vermutete einst, Mozart habe für die Sätze eines Werks bisweilen mehrere ‚Anläufe' benötigt, bis er bei einer Fassung angekommen war, die zu Ende zu führen ihn völlig befriedigte. Wie in jüngerer Vergangenheit Christoph Wolff an den Mozartschen Streichquartetten zeigte, verhält sich dort die Sache in Details anders – und so auch hier, zumindest in einem der kompositorischen Schritte: Die Einzelsätze eines Werks mussten für Mozart in einem sinnvollen Verhältnis zueinander stehen, und sobald für die Gestaltung eines Satzes ein grundlegend neuer Aspekt hinzukam, änderten sich die Rahmenbedingungen auch für die übrigen[5]. Es hat also den Anschein, dass Mozarts Entscheidung zugunsten des Mittelsatzes im Sechsachteltakt (Moll) ein Sechsachteltakt-Finale [KV 488c] unmöglich machte. Dies zeigt deutlich, dass auch der mit separater Seitenzählung entstandene, definitive Finalsatz nicht etwa im ‚luftleeren Raum' entstand, sondern von vornherein auf die Gegebenheiten der vorausgegangenen Teile des Werks hin abgestimmt sein musste, selbst wenn diese noch nicht komplett ausgeführt waren. Zumindest für den Schritt von der mutmasslich vorletzten zur letzten Finale-Version könnte allerdings ebensogut auch Einsteins ‚Anlauf'-Theorie plausibel sein.

Die Entscheidungsprozesse spielten sich aber offenkundig in einem zeitlich sehr knapp gehaltenen Rahmen ab: Alle jene Manuskripte, die Mozart im Entwurfsstadium beliess, sind auf Papier des gleichen Typs niedergeschrieben wie die jüngsten Teile des Konzerts[6]; diese Papiervorräte griff Mozart etwa im Dezember 1785 an, und er ‚verarbeitete' sie etwa binnen Jahresfrist. Im ersten Vierteljahr dieses Zeitraums liegt somit nicht nur insgesamt die Vollendung des A-Dur-Konzerts, sondern auch die endgültige Entscheidung zugunsten der Klarinetten; zudem kam Mozart erst im Laufe jener Zeit auf die Idee des Moll-Mittelsatzes, denn auch der D-Dur-Entwurf [KV 488a] gehört ihr an.

Mozart (27-jährig) und seine Frau

Konstanze Mozart, geb. Weber (1762-1842)
Winter 1782/83(?)

Wolfgang Amadé Mozart – Wien, Winter 1782/83(?)

Mozart beschäftigen damals auch andere Projekte, nicht zuletzt die Vorbereitung der Premieren von *Schauspieldirektor* und *Figaro*. Zweierlei geht aus den Quellen, die schliesslich zum A-Dur-Konzert KV 488 führten, aber ausserdem hervor: Mozart plante damals eine Partiturausarbeitung des *Davidde penitente*, denn der D-Dur-Mittelsatz-Entwurf trägt die Überschrift dieses Oratoriums, das im Frühjahr zuvor uraufgeführt worden war (diese Überschrift aber kann nicht aus jener Zeit datieren, da Mozart damals das entsprechende Papier noch nicht zur Verfügung stand!). Und: Mozart beschäftigte sich damals auch mit seinem anderen, etwa drei Jahre älteren A-Dur-Klavierkonzert (KV 414), denn für dieses komponierte er damals Kadenzen. Sie finden sich auf einem Blatt, das Mozart im übrigen dazu benutzte, die beiden schon im ersten Entwurf des Anfangssatzes enthaltenen Oboen-Abschnitte für Klarinetten zu transportieren – offenbar als momentane Gedächtnisstütze mitten im Arbeitsprozess, denn auch in die Partitur trug er sie, wie berichtet, ebenfalls noch ein: auf eine leere Seite nach dem zweiten Satz, offenbar als letzten kompositorischen Akt an jenem Konzert überhaupt. Insofern bieten die Quellen des A-Dur-Konzerts KV 488 nicht nur einen Einblick in die Geschichte des Werks selbst, sondern zudem in die Alltagswelt auf Mozarts Schreibtisch.

1   Alan Tyson: *Mozart. Studies of the Autograph Scores.* Cambridge MA und London 1987, S. 152.

2   Konrad Küster: *Formale Aspekte des ersten Allegros in Mozarts Konzerten.* Kassel 1991.

3   Tyson (s. Anm. 1), S. 247.

4   Küster (s. Anm. 2), S. 154f.

5   Alfred Einstein: *Köchel-Verzeichnis.* 3. Aufl. Leipzig 1937, S. XXXIXf. Christoph Wolff: Creative Exuberance vs. Critical Choice: Thoughts on Mozart's Quartet Fragments. In: ders., Hrsg.: *The String Quartets of Haydn, Mozart, and Beethoven: Studies of the Autograph Scores.* Cambridge MA 1980, S. 191-210.

6   Tyson (s. Anm. 1), S. 140f. und 150-152; Informationen über KV 488d verdanke ich einer brieflichen Mitteilung Alan Tysons.

Volkmar Braunbehrens

Mozart komponiert

Zum Verständnis des folgenden Textes sind die ihm vorangehenden Abschnitte zusammengefasst:

Die Zeit der Arbeit an „Le nozze di Figaro" (Ende Oktober 1785 bis April 1786) war die produktivste Zeit Mozarts überhaupt. Neben dem Figaro entstanden nicht nur die drei Klavierkonzerte KV 482, 488 und 491, sondern auch noch die Maurerische Trauermusik, eine Sonate für Klavier und Violine, zwei Freimaurerlieder mit Chor und Orgel, vier Einlagen in Opern, verschiedene kleinere Bläserwerke, ein Klavierrondo sowie die Komödie mit Musik „Der Schauspieldirektor". Die Figaro-Zeit ist eine Zeit der Gärung, die zugleich einen Kulminationspunkt der josephinischen Politik just zur Halbzeit der Alleinregierung von Joseph II.[a] darstellt. So zweifellos dieser ein aufgeklärter Monarch war, so irritierte zunehmend die Schroffheit seines Vorgehens, die Rücksichtslosigkeit und Härte, mit denen er die von ihm als nützlich und vernünftig erkannten Schritte durchzusetzen unternahm. Ein drastisches Beispiel war der Fall Zahlheim, bei dem die Errungenschaften des aufgeklärten Staates mit dem despotischen Herrscher in Konflikt gerieten: Joseph II. griff hierbei in das Gerichtswesen in einer Weise ein, die

[a] Joseph II. (1741-1790) war der älteste Sohn Maria Theresias. Nachdem sein Vater, Franz I., 1765 gestorben war, wurde er Mitregent; seit 1780, dem Todesjahr der Kaiserin, regierte er allein. Zu seiner aufgeklärt-absolutistischen Politik gehörten die Aufhebung der Leibeigenschaft, die Abschaffung der Folter, die volle Religionsfreiheit und die Aufhebung der Klöster.

seine eigenen Reformmassnahmen ausser Kraft setzte, um durch ein abschreckendes Urteil seiner Willkür vermeintlich erzieherisch zu wirken.

Franz Zaglauer von Zahlheim hatte einen Raubmord an seiner älteren Freundin begangen. Der normale Gang der Aburteilung war seit der De-facto-Abschaffung der Todesstrafe (1776), die zwar den Gerichten, nicht aber der Öffentlichkeit bekannt gemacht wurde, ein scharfes, grausames und in jeder Weise auf Abschreckung ausgerichtetes Urteil, das dann auf dem Gnadenweg erheblich gemildert wurde. In diesem Fall griff Joseph II. höchstpersönlich in die Justizangelegenheit ein und verletzte damit selbst den Grundsatz der Nichteinmischung in die Verfahren seiner Behörden, hob den Grundsatz der Rechtssicherheit selbst auf. Das erstinstanzliche Urteil gegen Zahlheim sprach eine verschärfte Todesstrafe aus, wohingegen durch das Berufungsgericht mehrere mildere Strafen alternativ erwogen wurden. In einem eigenhändig unterzeichneten Schreiben bestand Joseph II. jedoch darauf, dass die „verschärfte Todesstrafe an dem Delinquenten auf dem gewöhnlichen Richtplatz ohne Gnade vollzogen werde". Das hiess, dass „der wegen Diebstahl und Meuchelmord processirte Franz Zaglauer v. Zahlheim des Adels für seine Person entsetzet, sohin auf den hohen Markt, und die sogenannte Schranne geführt, nach ihm allda angekündigten Urtheil auf den hohen Wagen gesetzet, und ihm in die rechte Brust ein Zwick mit glühenden Zangen, sodann auf der Freiung eben ein gleicher Zwick in die linke Brust gegeben, sofort auf die gewöhnliche Richtstätte geführt, und dort von unten hinauf mit dem Rade vom Leben zum Tode hingerichtet, dessen Körper auf das Rad geflochten und darüber ein Galgen mit herabhangendem Strange aufgerichtet werden solle."[1]

196

Ein so barbarisches Urteil hatte Wien seit langem nicht erlebt. Entsprechend der Abschreckungstheorie war eine Hinrichtung ein öffentliches Ereignis, das mehrere Stunden dauerte und sich hier nach zeitgenössischen Berichten unter den Augen von 30'000 Zuschauern vollzog. In dem erschütterten Zutrauen zur Reformpolitik Josephs II. hat der Fall Zahlheim Jahre nachgewirkt; um so mehr war er Gesprächsthema zu der Zeit, in der er sich ereignete. Zum ersten Mal begann man zu zweifeln, ob das Rad der Geschichte vom Kaiser nicht wieder zurückgedreht wurde.

Die Hinrichtung Zahlheims fand am Vormittag des 10. März 1786 statt, Mozart war in Wien. Ob er der Hinrichtung selbst beigewohnt hat, wissen wir nicht. Sie nahm ihren Ausgang ein paar hundert Meter von seiner Wohnung entfernt. Das Hin- und Hergerenne auf den Strassen, das Schreien einer so zahlreichen Volksmenge konnte er auch in seiner Wohnung hören[2]. [...]

Wie sich Mozart auch immer zu den Ereignissen verhielt, die vor seiner Haustür oder in geistiger Nähe zu ihm stattfanden – er komponierte an diesem Tage zwei Arien, die für die *Idomeneo*-Aufführung im Palais Auersperg als Einschübe gedacht waren. Sie haben von ihrem Inhalt her nicht die geringste Beziehung zu den aufwühlenden Ereignissen dieses Tages. Man wird vielleicht erwarten, dass sich in der Musik etwas von der erregten Stimmung niederschlagen werde. Das ist jedoch nicht der Fall, und zwar nicht als Zeichen besonderer Herzlosigkeit, Unbetroffenheit oder Gleichgültigkeit, sondern aus musikalischen Gründen.

Vielleicht lässt sich dies an einem Beispiel anderer Art besser erklären. Ein Maler, der ein Porträt malt oder eine Landschaft, hat eine bestimmte Vorstellung von seinem Bild, genährt von der realen Anschauung, zugleich aber auch als Vorstellung des Bildwerks, der Anordnung von Gegenständen zu einer Bildkomposition, der Verteilung von Farbe, Kolorit und Fläche in einem Spannungsbezug unterschiedlich verteilter Gewichte und Anordnungen. Persönliche Ereignisse und Betroffenheiten, die sich während seiner Arbeit an dem Bild ergeben, haben meist mit dem Dargestellten nichts zu tun. Er wird sein Porträt oder die Landschaft zu Ende malen entsprechend seinem Vorhaben, das gewissermassen eine Problemanordnung und ihre Lösung bedeutet.

Ähnlich der Musiker. Seine Kompositionen stellen auch musikalische Problemlösungen in einem bestimmten, vorgegebenen Kontext dar – hier bei Mozart die musikdramaturgische Bearbeitung einer durch den Gang der Oper vorbestimmten Stelle von *Idomeneo*. Hier war auf eine auch ganz musikalisch-handwerkliche Art, unter Berücksichtigung der Sänger einer bestimmten Aufführung und der mitwirkenden Instrumentalisten, die Neufassung von zwei Musikstücken zu leisten. Schöpferische Arbeit allemal eine Problemlösung am (freilich selbstgewählten) musikalischen Material. Die Tagesereignisse sind mit Idamantes Arie nicht in Verbindung zu bringen – es sei denn, ihr Gelingen oder Misslingen steht zur Frage. Das sei vor allem deshalb angemerkt, weil der (neue) Text für die Arie dieses bedrückenden Tages, der Mozart allerdings schon vorlag, zu irreführenden Assoziationen Anlass gibt, wenn Idamante, begleitet von einem anspruchsvollen Violinsolo, singt: „Fürchte dich nicht, Geliebte, für dich schlägt immer mein Herz. Rohe, erbarmungslose Sterne, warum so grosse Härte? Schöne Seelen, die ihr mein Leiden in solchem Augenblick seht, sagt ihr, ob ein treues Herz so grosse Qualen ertragen kann."

Etwas anderes ist es, ob das c-Moll-Konzert (KV 491), das Mozart in den nächsten 14 Tagen schrieb, einen musikalischen Reflex, vielleicht gar etwas wie einen Kommentar auf eine in jeder Weise angespannte, betroffen machende Situation darstellte. (Das Konzert wurde für eine eigene Akademie Mozarts im Burgtheater geschrieben, die am 7. April stattfand; das weitere Programm ist nicht überliefert.) Fast alle musikwissenschaftlichen Interpreten dieses Klavierkonzerts weisen auf dessen „tragische" oder „dämonische Züge" (Abert, Einstein) hin, Alfred Einstein spricht sogar von „finsteren Ausbrüchen", einer „Explosion der Leidenschaft, der dunklen tragischen Gefühle". Wolfgang Hildesheimer hingegen betont: „Zwar höre auch ich diesen Satz düster-erregt, doch seltsamerweise ‚enthöre' ich ihm – auch ausserhalb der Es-Dur-Passagen – eine Dur-Stimmung, gewiss heftig und bewegend, doch nicht ‚tragisch' [...]."[3]

Das Hauptthema des ersten Satzes ist aus zwei ungemein prägnanten Motivpartikeln zusammengesetzt, „konstruiert" auch, komponiert vor allem: einer harmonisch interessant wirkenden Intervallfolge in volltaktig schwerem Schritt und einem fast abrupten, scharf akzentuierten Nachsprung. Gewiss ist diese Bildung thematischen Materials vor allem von Beethoven benutzt und weiterentwickelt worden – wie ja bei Beethoven nicht so sehr der melodische Findling (‚Einfall'), sondern der zurechtgehauene Materialbrocken als Ausgangspunkt seiner Kompositionen kenntlich bleibt. Und auch die ‚Verarbeitung' entfernt sich weit von allen überlieferten Gattungsschemata, selbst den von Mozart in seinen Konzerten entwickelten typischen Formen. Aber der auffallende Eigensinn dieser Musik, sein in allen Einzelheiten bis in die Instrumentierung ungewöhnlicher Duktus, die fast solistische Bevorzugung der Bläserstimmen, hebt dieses Konzert zwar als ein besonderes hervor, hat aber doch nichts mit „tragischen Zügen" zu tun. Mit ihnen ist sein Stimmungsgehalt gemeint, Wirkungen, die es hervorruft. Diese Wirkung unterliegt aber einem geschichtlichen Wandel. Mozarts Zeitgenossen, die Hörer, denen Mozart dieses Konzert vorspielte, hatten Empfindungen dabei, die sie nicht mit Worten wie „tragisch" oder „dämonisch" umschrieben, Worten, die einer sehr viel späteren Zeit des 19. Jahrhunderts angehören und die heute vermutlich auch wieder weniger verstanden werden. Vor allem unterschieden die zeitgenössischen Beschreibungen von Musik noch sehr viel deutlicher zwischen den musikalischen Ereignissen und den Empfindungen, die sie hervorrufen.

Kein einziger Zeitgenosse hat sich über die Uraufführung von Mozarts c-Moll-Konzert geäussert, besser: keine einzige Äusserung ist überliefert. Wir können deshalb auch die Wirkung dieses Konzerts nicht rekonstruieren, zumal wir nicht in der damaligen Sprache reden. Ich plädiere deshalb für grosse Zurückhaltung bei einer Interpretation der historischen Hörerlebnisse, geschweige denn Mozarts eigener Empfindungen beim Komponieren eines so auffälligen Werkes. Andererseits ist wohl deutlich, dass hier ein kompromissloser Ton herrscht, eine Verweigerung gefälligen Virtuosität, aller gewohnten musikalischen

Phrasen und Zusammenhänge. Dies Klavierkonzert eignete sich nicht für den Salon, wo oft genug während des Konzerts geschwätzt oder gespielt wurde, wo das Klavier gewissermassen in die Gesellschaft hineinparlierte, geistreich mitredete und sich durch Witz, perlende Kunstfertigkeit oder funkensprühenden Einfallsreichtum Gehör verschaffte. Hier hielt eher jemand eine Rede, die jeden durch ihren unerbittlichen Anspruch, einen schnörkellosen Ernst und ihre kompromisslose Härte zum Verstummen brachte. Diese Musik hat etwas Trotziges, Rücksichtsloses, ihr fehlt alles Heiter-Gesellschaftliche, Glitzernde, Beifallheischende, sie ist spannungsvoll, nicht fragend-abwartend, sondern eher bekenntnishaft und wuchtig. Und insofern drückt sie die angespannte Stimmung dieser Tage aus, die viele bereits als entscheidende Wende nach Jahren begeisterten Aufschwungs empfanden. Mozart gehörte nicht zu denen, die resignierten und sich zurückzogen, enttäuscht oder kleinmütig. Er reagierte mit seinen Mitteln, musikalischen (aber er blieb auch in der Freimaurerloge, der Zeittendenz zum Trotz), er komponierte ungefälliger, weniger unterhaltsam, gedankenstrenger, aber nicht entrückter von den Zeitverhältnissen, sondern – wie seine Opern zeigen – in immer deutlicherem Bezug zu ihnen, eindeutiger, schonungsloser.

[1] Das „Rädern von unten auf" bedeutet als Strafverschärfung ein langsames, qualvolles Zerbrechen der Knochen mit einem metallbeschlagenen Rad, bis der Tod eintritt, während beim „Rädern von oben" als Strafmilderung der Tod sofort eintritt.

[2] Mozart hat selbst mehrere Hinrichtungen aus der Nähe erlebt. Und auch Leopold Mozart schrieb in einem Brief vom 22. Februar – also keine zwei Wochen zuvor – aus München lapidar: „Freylich waren hier heute morgen schon viele 100 Menschen vor der Statt versammelt, um der Execution zuzusehen, weil ein Soldat, wegen *vieler gewaltätiger Einbrüche, und Diebereyen etc etc: gehenkt worden.*"

[3] *Einstein*, S. 328; *Hildesheimer*, S. 171f.

H.C. Robbins Landon

Konzertleben in der österreichischen Hauptstadt

Das erste Werk, das Mozart für 1791, unter dem Datum 5. Januar, in sein thematisches Werkverzeichnis eintrug, war das Klavierkonzert B-Dur (KV 595). Das Autograph des Werks ist glücklicherweise erhalten, und seine Wasserzeichen lassen auf eine interessante Chronologie schliessen: Der erste Entwurf des Konzerts erfolgte nicht im Jahr 1790, sondern bereits 1788, dem Jahr, in dem Mozart seine letzten drei Symphonien komponierte,[1] KV 543 in Es-Dur, 550 in g-Moll und 551 in C-Dur (*Jupiter*).

1791 gab Mozart keine Subskriptionskonzerte mehr; doch lässt sich entgegen einer weitverbreiteten Ansicht nachweisen, dass er 1788 eine letzte Serie von Subskriptionskonzerten gab. Da dies von erheblicher Bedeutung ist und in unmittelbarem Zusammenhang mit seinem letzten Klavierkonzert steht, meine ich, dass ich das Beweismaterial noch einmal überprüfen sollte.[2]

Die entscheidenden der fraglichen Werke für die Saison 1788 sind nicht nur die drei Symphonien, sondern auch das *Krönungskonzert* KV 537 (es bekam seinen Namen in der postumen Erstausgabe von André), das wie das Konzert in F-Dur (KV 459) 1790 in Frankfurt gespielt wurde. Beginnen wir mit dem eigentlichen Problem, dem der Subskriptionskonzerte.

Was wir über diese Konzerte wissen – sofern wir überhaupt Informationen haben –, stammt zumeist aus

Mozarts Briefen an seinen Vater; die Konzerte wurden nicht in der Lokalpresse angekündigt, noch schrieb Graf Zinzendorf (eine wichtige Quelle) in seinem Tagebuch über sie. Nach dem Tod Leopold Mozarts im Jahr 1787 versiegt unsere wichtigste Quelle für solche Details. Das Beweismaterial, das wir haben, findet sich in einem Brief Mozarts an Puchberg, der leider ohne Datum ist und möglicherweise ohne ausreichenden Grund auf den Juni 1788 datiert wurde.[3] In diesem Brief bittet Mozart um 100 Florin,

> aber nur bis künftige Woche (wenn meine Academien im Casino anfangen) [...] bis dahin muss ich nothwendigerweise mein Subscriptions-Geld in Händen haben und kann Ihnen dann ganz leicht 136 fl. mit dem wärmsten Dank zurück bezahlen.

Vorher stellt Mozart in dem Brief fest: „Ich bin Ihnen noch *8 Dukaten* schuldig" (also 36 Florin). Im folgenden Absatz lesen wir etwas, was die meisten Mozart-Forscher übersehen oder bewusst ignoriert haben:

> Ich nehme mir die Freyheit Ihnen hier Mit 2 Billets aufzuwarten, welche ich Sie (als Bruder) bitte, ohne alle Bezahlung anzunehmen, da ich ohnehin nie im Stande seyn werde, Ihnen Ihre mir bezeugte Freundschaft genugsam zu erwiedern.

Die Chronologie dieser Kasino-Konzertreihe hängt natürlich von dem Datum des Briefs ab. Angenommen, er wäre nicht im Juni geschrieben, sondern viel früher (etwa März): Dann könnte er sich auf eine Subskriptions-Konzertreihe zur Fastenzeit beziehen, bei der das neue *Krönungskonzert* in D-Dur, das in Mozarts Katalog unter dem 24. Februar 1788 eingetragen ist, gespielt worden sein könnte. Da ist jedoch etwas sehr Merkwürdiges, die Instrumentation des neuen Konzerts betreffend, nämlich, dass alle Blasinstrumente und Pauken mit „ad libitum" bezeichnet sind. Diese vorsorgliche Massnahme scheint nicht auf das grosse Orchester eines Subskriptionskonzerts hinzudeuten, sondern eher darauf, dass ein kleines Kammermusikensemble ohne Bläser das Werk tatsächlich spielte. Jedenfalls ist es äusserst unwahrscheinlich, dass seine erste Aufführung, wie bisher angenommen, am Dresdener Hof am 14. April 1789 vor Kurfürst Friedrich August III. von Sachsen und seiner Gemahlin, Amalie von Pfalz-Zweibrücken, stattfand.

Und wenn der Brief wirklich im Juni 1788 geschrieben worden wäre? Dann würde er sich auf eine Subskriptionsreihe etwa im Sommer beziehen. Andererseits ist dies die Chronologie der letzten drei Symphonien: Es-Dur 26. Juni, g-Moll 25. Juli, *Jupiter* 10. August. Der Brief lässt vermuten, dass die Reihe der Subskriptionskonzerte unmittelbar bevorstand, insofern ist Juni wahrscheinlich ein zu frühes Datum; vielleicht wäre Anfang August plausibler. Und eine Subskriptionsreihe im Sommer ist unwahrscheinlich, da dann die Mehrzahl der Adligen auf ihren Landsitzen wäre. Eine Herbstreihe wäre dagegen durchaus möglich gewesen.

Wieder dient das Vorhandensein des Autographs der Symphonie g-Moll (KV 550) zum Nachweis eines interessanten chronologischen Faktums. Es wurde stets behauptet, dass die Hinzufügung von Klarinettenstimmen (sowie einige Änderungen im langsamen Satz zur Vereinfachung der Holzbläser-Schreibweise) eigens für ein öffentliches Fastenkonzert im Jahr 1791 erfolgte; aber die Wasserzeichen der zusätzlichen Abschnitte im Autograph sind mit einer einzigen Ausnahme (Blatt 7 der Klarinetten- und Oboenstimmen – Mozart musste die Oboenstimmen umschreiben, als er die Klarinetten hinzufügte) die gleichen wie die im Hauptbestandteil des Werkes. Dies alles deutet darauf hin, dass Mozart die Revisionen so ziemlich unmittelbar nach Fertigstellung des eigentlichen Autographs ausführte und dass er sie für ein Konzert im Jahre 1788 anfertigte: Sie waren sicherlich nicht für die Schublade gemacht. Die Tatsache kann nicht genug betont werden: Mozart war ein unüberbietbarer Pragmatiker und vollendete seine Werke ausschliesslich mit Blick auf eine bestimmte Aufführung.

Wenden wir uns nun dem öffentlichen Konzert im Jahr 1791 zu; denn in ihm wurde nachgewiesenermassen eine der letzten drei Symphonien Mozarts aufgeführt. Wir haben gesehen, dass seine Subskriptionskonzerte wahrscheinlich 1788 ausliefen, es gab aber noch eine andere jährliche Konzertreihe, bei der er häufig mitwirkte: zweimal jährlich an zwei Tagen stattfindende Konzerte, veranstaltet von der Tonkünstler-Societät (der Musikervereinigung, die 1772 ins Leben gerufen worden war zur Unterstützung ihrer Witwen und Waisen – Mozart hätte ihr angehören sollen, konnte aber seine Geburtsurkunde nicht finden, die vorgelegt werden musste).[4] Er hatte 1785 *Davidde penitente* (KV 469) beigesteuert,[5] war als Pianist aufgetreten und hatte andere Vokal und Instrumentalwerke im Verlauf der letzten zehn Jahre beigetragen. Jetzt, 1791, dirigierte Hofkapellmeister Antonio Salieri die jährlichen Fastenkonzerte, die am 16. und 17. April stattfanden und mit „Eine neue grose [sic!] Simphonie von Herrn

Mozart" begannen. Welche Symphonie hatte Mozart anzubieten? Legenden sind langlebig, und Mozart-Biographen haben sich immer gern vorgestellt, Mozart habe seine letzten drei Symphonien von 1788 nie selbst gehört. Selbst wenn wir annehmen dass die Subskriptionskonzerte von 1788 nicht stattgefunden haben (was, wie wir gesehen haben, unwahrscheinlich ist), ist es nur zu einleuchtend, dass Mozart seine letzten vier unveröffentlichten Symphonien, also einschliesslich der *Prager* (KV 504), auf seine Deutschlandreisen von 1789 und 1790 mitnahm. Es gibt deutlich erkennbare Gepflogenheiten in den Manuskriptstimmen der letzten vier Symphonien, die offensichtlich eher von dem ersten handgeschriebenen Aufführungsmaterial herrühren als unmittelbar von den Autographen selbst.

Jede der letzten drei Symphonien ist in der Bläsergruppe verschieden besetzt. KV 543 hat 1 Flöte, 2 Klarinetten, 2 Fagotte, 2 Hörner, 2 Trompeten und Pauken. Die erste Version von KV 550 hat 1 Flöte, 2 Oboen, 2 Fagotte und 2 Hörner (ursprünglich sollten es vier sein); die zweite Version hat 1 Flöte, 2 revidierte Oboenstimmen, 2 Klarinetten, 2 Fagotte und 2 Hörner. KV 551: 1 Flöte, 2 Oboen, 2 Fagotte, 2 Hörner, 2 Trompeten und Pauken. Wie es der Zufall will, ist die handgeschriebene Liste der Ausführenden der Societät für den 16. und 17. April erhalten und führt Flöten auf, Oboen und „Clarinetti: Stadler/Stadler jun.", das sind Anton und sein jüngerer Bruder Johann. Das einzige Werk mit Flöte, Oboen und Klarinetten unter den letzten drei Symphonien ist die revidierte Fassung von KV 550.[6]

Dabei fiel dies wenig ins Gewicht: Ein grosses und vornehmes Wiener Publikum hörte eine der drei letzten Symphonien seines k. k. Kammerkomponisten, dirigiert – Ironie der Ironien – von Antonio Salieri, der, was immer er auch gewesen oder nicht gewesen sein mag, kaum als Mozarts Freund anzusehen war. Wahrscheinlich war es das letztemal, dass Mozart ein so grosses Orchester hörte: Die Konzerte der Societät rühmten sich in der Regel eines Klangkörpers von gut über einhundert Musikern. Von den Beteiligten wurde erwartet, dass sie sich umsonst in den Dienst der *Societät* stellten, so dass Mozart lediglich weiteren Ruhm einheimsen konnte.

Die Symphonien waren für ihr Fortbestehen von öffentlichen Konzerten abhängig; von noch grösserer Wichtigkeit war das für die Klavierkonzerte, die Mozart natürlich nicht nur komponierte, sondern auch selbst aufführte. Es mag sein, dass die Subskriptionsreihe von 1788 bescheidener ausfiel (drei Konzerte statt sechs?); das könnte eine Erklärung dafür sein, dass Mozart in diesem Jahr das Klavierkonzert B-Dur (KV 595) in Particella-Form (als nicht vollständig ausgeführte Partitur)[7] begann und es dann drei Jahre liegenliess. Aber das ,offizielle' Auftauchen von KV 595 in Mozarts Verzeichnis am 5. Januar 1791 gibt Anlass zu einer weiteren heiklen Frage. Wissenschaftler sind sich seit geraumer Zeit darüber im klaren, dass diese Daten nicht immer die Vollendung des betreffenden Werks anzeigen. Gelegentlich verwendet Mozart ganz einfach ein Datum, das er schon für ein anderes Werk eingetragen hatte: Im Falle von KV 595 könnte die Eintragung den Tag bezeichnen, an dem er die Arbeit an der Particella-Skizze wiederaufnahm. Aber im grossen und ganzen trug Mozart ein neues Werk in seinen Katalog ein, wenn er es wirklich vollendet hatte. Es erscheint darüber hinaus unwahrscheinlich, dass er unvollendete Werke in seinen Katalog aufnahm. Sobald ein Werk fertig war, trug Mozart es ein; dementsprechend wäre KV 595 nicht 1788, sondern erst 1791 eingetragen worden, als es (vermutlich) fertig war. Als konkretes Beispiel mag uns das letzte der sechs Streichquartette dienen, die Mozart für Haydn komponierte und ihm widmete, das *Dissonanzen-Quartett* (KV 465). Leopold Mozart schreibt in einem vom 22. Januar 1785 datierten Brief aus Salzburg an seine Tochter in St. Gilgen:

> diesen augenb: erhalte 10 Zeilen von deinem Bruder, wo er schreibt [...] dass er vergangenen Samstag [15. Januar] seine 6 quartetten, die er dem Artaria für 100 duccatten verkauft habe, seinem lieben Freund Haydn und anderen guten freunden habe hören lassen [...]

Das letzte Quartett (KV 465) wurde am 14. Januar in den Katalog aufgenommen, einen Tag vor der ersten Aufführung (die Stimmen mussten natürlich noch herausgeschrieben und das komplizierte neue Werk mindestens einmal vor der eigentlichen Premiere geprobt werden).[8] Es darf demnach angenommen werden, dass mit dem 5. Januar 1791 das tatsächliche Datum angegeben wurde, an dem das neue Klavierkonzert vollendet wurde.

Wenn, wie zu vermuten ist, das neue Konzert Anfang Januar 1791 fertig war, warum lag Mozart eigentlich so viel daran, es zu vollenden, wenn überhaupt keine Aufführung anstand? Tatsächlich wurde, soweit wir wissen, das Werk nicht in einem von Mozarts eigenen Konzerten – er hatte ja keine solche Reihe mehr –

zum erstenmal gespielt, sondern als Teil eines Benefiz-
konzerts am 4. März zugunsten eines Klarinettisten
namens Bähr oder Beer im sogenannten „jahnschen
Saal" in der Himmelpfortgasse, nur wenige Schritte
entfernt von Mozarts Wohnung in der Rauhensteingas-
se.[9] Das war das letzte Konzert, in dem Mozart in Wien
öffentlich auftrat,[10] womit KV 595 das Ende der langen,
grossartigen Folge von Klavierkonzerten kennzeichnet,
mit denen er zehn Jahre zuvor seine Karriere in Wien
unter so günstigen Auspizien begonnen hatte.

Eine seltsame Fussnote zu dieser Angelegenheit ist,
dass Mozart das neue Werk Artaria verkaufte, der es
am 10. August in der *Wiener Zeitung*[11] ankündigte; selt-
sam, weil die Mehrzahl der früheren Konzerte von
1785 bis 1788 nicht zu Mozarts Lebzeiten veröffentlicht
wurden – so wurde das grosse C-Dur-Konzert KV 503
durch Konstanze erst 1798 postum veröffentlicht als
„Nr. 1 del retaggio del defunto publicato alle spese del-
la vedova" („Nr. 1 aus dem Nachlass des Verstorbenen
veröffentlicht auf Kosten der Witwe").

Mozart, der viel mehr von einem Pragmatiker an
sich hatte, als allgemein erkannt wird, war schnell bereit, die Schwerpunkte zu verlagern, je nach den Um-
ständen. Wenn öffentliche Konzerte jetzt rar waren,
warum sich nicht auf Musik für Privataufführungen
konzentrieren? Und genau das war es, was er Mitte
1791 zu tun begann.[12] Es gab in diesem Jahr zwei Familien, für die, wie wir wissen, Mozart komponierte. Die
eine wird mit seinem letzten Streichquintett Es-Dur
(KV 614) in Verbindung gebracht, das am 12. April
1791 in sein thematisches Werkverzeichnis eingetragen
wurde. Als es 1793 von Artaria postum veröffentlicht
wurde, erschien im Titel „Composto per un Amatore

210

Ongarese". Man hat von jeher angenommen, dass der „ungarische Amateur" der Geschäftsmann Johann Tost war, der ehemalige Vorgeiger der zweiten Violinen in Haydns Orchester in Eszterháza, der eine reiche Frau geheiratet hatte und Kompositionsaufträge für Kammermusik an führende Komponisten vergab. Ein Brief von Konstanze an J. A. André vom 26. November 1800 erhärtet diese Ansicht. Sie schreibt:

> Hier ist ein Hr. v. Tost, wohnhaft in der Singerstrasse, der behauptet, er habe Originalpartituren von Mozart. wahr ist es, M. hat für ihn gearbeitet. Er hat mir die Themen versprochen.[13]

In Anbetracht der Tatsache, dass das Quintett am 12. April abgeschlossen wurde, möchte ich annehmen, dass es um den 14. April bei den Tosts eine musikalische Soiree gab, bei der dieses Werk, das letzte einer weiteren prachtvollen Serie, seine erste Aufführung erlebte. Natürlich zahlte Tost Mozart ein Honorar für die Komposition des Quintetts und vermutlich auch dafür, dass er die Aufführung, in der Tost selbst mitwirkte, organisierte.

Wir können also eine deutliche Verlagerung von öffentlichen Konzerten – die der Tonkünstler-Societät gehörten zu den letzten ihrer Art, die Ende des 18. Jahrhunderts in Wien noch überlebten – zu privaten Soireen feststellen. Der Adel gab natürlich zu dieser Zeit auch weiterhin aufwendige Musikabende, aber Mozarts Briefe zeigen, dass er in diesen Jahren mit Sicherheit nicht an aristokratischen Salons teilnahm; er erwähnt Konstanze gegenüber nicht einen. In Mozarts Leben begannen jedenfalls die bürgerliche Gesellschaft und das Schikaneder-Theater langsam Hofoper und aristokratische Salons zu verdrängen. Mozart hatte das Schikaneder-Theater nicht nur wegen der Zauberflöte im Sinn; es gab noch zwei andere Werke, die mit ihm verbunden sind, und beide scheinen Kompositionsaufträge gewesen zu sein. Das erste ist die ergötzliche Konzertarie *Per questa bella mano* (KV 612), in Mozarts Katalog unter dem 8. März eingetragen und komponiert für Franz Gerl (den ersten Sarastro der *Zauberflöte*), mit einem virtuosen Solopart für den Kontrabass (bestimmt für Friedrich Pischlberger, ein Mitglied von Schikaneders Orchester im Freyhaustheater). Das zweite sind die Klaviervariationen über das Lied *Ein Weib ist das herrlichste Ding* (KV 613)[14] aus einer Oper, die zu der Zeit in Schikaneders Theater grossen Erfolg hatte. Mozart fühlte sich offensichtlich zu den Leuten in Schikaneders erfolgreichem kleinem Theater (in der Vorstadt Wieden, heute Wiens Vierter Bezirk), für das er bald mit der Komposition der *Zauberflöte* beginnen sollte, immer stärker hingezogen.

Mozarts Korrespondenz ist nur teilweise erhalten, und die ersten uns bekannten Briefe aus dem Jahr 1791 sind an seinen Freund und Logenbruder Michael Puchberg gerichtet. Wie zu erwarten, geht es in ihnen um ein Darlehen, aber auch – für uns viel wichtiger – um einen Quartettabend im Haus des Hofrats Greiner:

Werthester Freund und Bruder! Am 20ten dieses [April 1791], folglich in 7 Tagen ziehe ich mein Quartal[15] – wollen und können Sie mir bis dahin etliche und zwanzig Gulden leihen, so werden Sie mich, bester Freund, sehr verbinden und sollen es den 20ten (so wie ich mein Geld ziehe) wieder mit

allem Dank zurück haben; – ich stehe bis dahin an.
– Ewig

Ihr
verbundenster Freund
Mozart

den 13. April 1791.[16]

(Vermerk Michael Puchbergs:) *den 13ten April 30 fl.
geschickt*

Pour/Monsieur de Puchberg/Chez Lui Ich hoffe Orsler[17]
wird die Schlüsseln zurückgebracht haben; es war
also nicht meine Schuld. Hoffe auch er wird Sie
vorläuffig in meinem Namen auf heute um *eine Violin*, und *2 Bratschen* ersuchet haben - es gehört zu
einem à quattro bey Greiner; dass mir daran liegt,
wissen Sie ohnehin. - wenn Sie abends zur Musick
hinkommen wollen, so sind Sie von ihm und von
mir höflichst dazu eingeladen. -

Mozart

P : S : bitte um Vergebung, dass ich das bewusste
vermög meinem gegebenen Wort nicht zurückge-
stellt habe, allein Stadler, welcher anstatt meiner
(weil ich so viel zu thun habe) zur Cassa gehen sollte, vergass auf den ganzen 20ᵗ Aprill – folglich muss
ich nun 8 tage [auf das vierteljährliche Gehalt] noch
warten.[18] [nach dem 20. April 1791]

Franz Sales Hofrat von Greiner (1730-98)[19] war ein
Günstling der Kaiserin Maria Theresia gewesen. Er war
Sekretär für das Kriegswesen in der böhmisch-
österreichischen Hofkanzlei, wurde 1771 geadelt und

bekam 1773 den Titel eines Wirklichen Hofrats. Er unterstützte die Behörden bei der Einfuhr von Lebensmitteln nach Wien und war als Jurist mit Massnahmen gegen die Inflation befasst; er führte eine Alkoholsteuer ein und begann mit der Abschaffung der Leibeigenschaft in Böhmen. Er gehörte der k. k. Studiengesellschaft an, die unter anderem das Schulsystem ordnete, und ist als ein aufgeklärter Staatsdiener beschrieben worden. Ein Zeitgenosse sagte von ihm, er sein „ein glatter, gutdenkender, einsichtsvoller, thätiger und verehrungswürdiger Mann, Beförderer der Wissenschaften und der Aufklärung, Feind der Gleissnerey und Bigotterie, und warmer Freund all jener, die sich durch Talente und Geschicklichkeit auszeichnen [...]".[20] Greiners Tochter Caroline Pichler, eine Dichterin und Tagebuchschreiberin von lokaler Berühmtheit, berichtete in ihren Memoiren, dass man im Familienkreis über alles, was an neuer Dichtung in Wien und im Ausland veröffentlicht wurde, sogleich Bescheid wusste, es las und besprach.

Ein anderer Zeitgenosse, Joseph von Hormayr, schrieb:

Sein Haus am neuen Markt auf der Mehlgrube war der Tempel der Musik, der Sammelplatz des guten Tones und alles Ausgezeichneten aus Einheimischen und Fremden, Gleichen und Höheren. Kein ausgezeichneter Fremder, der hier nicht die edelste Gastfreiheit, die anmuthigsten und lehrreichsten Zirkel gefunden hätte.[21]

Caroline Pichler erinnerte sich auch, dass Mozart, nachdem er am Klavier über „Non più andrai" (*Figaro*,

1. Akt) improvisiert hatte, über Stühle und Tische sprang und wie eine Katze miaute. „Haydn und Mozart", meinte Frau Pichler spitz,

> die ich wohl kannte, waren Menschen, in deren persönlichem Umgange sich durchaus keine andere hervorragende Geisteskraft und beinahe keinerlei Art von Geistesbildung, von wissenschaftlicher oder höherer Richtung zeigte. Alltägliche Sinnesart, platte Scherze, und bei dem ersten ein leichtsinniges Leben, war alles, wodurch sie sich im Umgange kund gaben, und welche Tiefen, welche Welten von Phantasie, Harmonie, Melodie und Gefühl lagen doch in dieser unscheinbaren Hülle verborgen! Durch welche innere Offenbarungen kam ihnen das Verständnis, wie sie es angreifen müssten, um so gewaltige Effekte hervorzubringen, und Gefühle, Gedanken, Leidenschaften in Tönen auszudrücken, dass jeder Zuhörer dasselbe mit ihnen zu fühlen gezwungen, und auch in ihm das Gemüt aufs tiefste angesprochen wird?[22]

Der Hofrat, obwohl selbst ein miserabler Liebhaberpoet, hatte einen guten Geschmack, und unter denen, die regelmässig in sein gastliches Haus kamen, war Lorenz Leopold Haschka (seit 1777 Sekretär des Hofrats), der Dichter von Haydns österreichischer Nationalhymne *Gott erhalte Franz den Kaiser* aus dem Jahr 1797, die seinen Namen allein schon unsterblich gemacht hätte; und „mit ihm", schrieb Caroline, „möchte ich sagen, zogen die Musen in unser Haus". (Wiens böse Zungen munkelten, Haschka habe mehr als nur literarische Gunst von seiten der Frau von Greiner genossen.)

Dichter, Dramatiker, Wissenschaftler, Gelehrte und Ärzte besuchten den Salon. Der Hofrat war Freimaurer mit Leib und Seele und Mitglied von Haydns Loge „Zur wahren Eintracht". Viele seiner Logenbrüder waren gerngesehene Gäste: Johann Baptist von Alxinger (der Dichter), Freiherr von Gebler (von mozartischer Berühmtheit – er hatte das Schauspiel *Thamos, König in Ägypten* geschrieben, für das Mozart seine grossartigen Chöre und Zwischenakte (KV 345) komponierte), Freiherr von Jacquin (ebenfalls ein Freund Mozarts), Gottfried van Swieten (kein Freimaurer) und natürlich Mozart selbst. Im Sommer fand man sich in Greiners nahe gelegenem Landhaus (Hernals) ein.

Das Gesicht der Wiener Gesellschaft war in einem beträchtlichen Wandel begriffen: Greiners Salon war ein bürgerlicher und ersetzte sowohl Mozarts eigene Subskriptionskonzerte der frühen 1780er Jahre als auch die eleganten aristokratischen Salons. Der zunehmende Misserfolg von Mozarts eigenen Subskriptionskonzerten muss in realistischeren (und nicht ganz so romantischen) Begriffen erklärt werden als mit schwindendem Kontakt zum Wiener Publikum und der sich daraus ergebenden Erfolglosigkeit. Der Krieg mit dem türkischen Reich blutete Österreich aus: Graf Zinzendorf verzeichnete in seinem Tagebuch mit Entsetzen die astronomischen Summen, die der Krieg Jahr für Jahr verschlang. Viele Männer aus den grossen Adelsfamilien gehörten der „Reserve" an und waren zu ihren Regimentern gestossen, als der Krieg ausbrach. Der Krieg war weder populär noch erfolgreich,[23] die Belagerung Belgrads im Jahr 1787 kam die Österreicher teuer zu stehen, nicht zuletzt wegen der grassierenden Krankheiten. Viele adlige Familien verliessen ihre Wiener

Palais und begaben sich auf ihre Landsitze. Geld wurde knapp, und ohne Zweifel war einer der Gründe für den Misserfolg von Mozarts Subskriptionskonzerten einfach Geldmangel bei Bürgertum und Adel. Die grossen Orchester der Aristokratie begannen zu verschwinden. Kammermusik dagegen war nicht nur billiger, sie kam auch bei bürgerlichen Familien immer mehr in Mode. Die distinguierteren unter ihnen, wie die Greiners, heuerten Berufsmusiker zu Quartettabenden an; die bescheideneren spielten die Musik selbst und luden ihre Freunde dazu und zu einem guten Mahl hinterher ein (wie Haydns Freund Dr. Peter von Genzinger, dessen Ehefrau Maria Anna eine gute Liebhaberpianistin war und deren Kinder ebenfalls als musikalisch galten: Eine ihrer Töchter war so fortgeschritten, dass sie 1790 Haydns Kantate *Arianna a Naxos* singen konnte[24]). Natürlich erhielt Mozart ein Honorar für das Organisieren eines Quartettabends im Greinerschen Haus, allerdings wissen wir nichts über die Höhe des Betrags.

Wir wollen über die vielen kleineren Kompositionsaufträge für 1791 hinweggehen: Lieder, Stücke für Spieluhr (Mozart hasste das piepsige kleine Ding) und ein kleines Meisterwerk: das Adagio und Rondo für Glasharmonika, Flöte, Oboe, Viola und Violoncello (KV 617) für die blinde Harmonikaspielerin Marianne Kirchgessner.[25] Es war Mozart so gut wie unmöglich, andere als vollkommene Musik zu schreiben: Sogar das andere, unbegleitete Adagio (KV 356 [617a]), das er im gleichen Jahr für sie komponierte, ist von überirdischer Schönheit. Aber im Grunde ist das alles nicht das, was er eigentlich machen wollte und was er hätte machen sollen – die Schöpfung grosser Meisterwerke.

[1] Alan Tyson: New Dating Methods, Watermarks and Paper-Studies. In: *Neue Mozart Ausgabe. Bericht über die Mitarbeitertagung in Kassel, 29.-30. Mai 1981*. Kassel 1984, S. 67.

[2] Otto Biba: Grundzüge des Konzertwesens in Wien zu Mozarts Zeit. In: *Mozart-Jahrbuch 1978-79*. S. 132ff.

[3] *Briefe* IV, S. 65 und VI, S. 367-9.

[4] Zur Tonkünstler-Societät s. Carl Ferdinand Pohl: *Denkschrift aus Anlass des 100jährigen Bestehens der Tonkünstler-Societät*. Wien 1871.

[5] Hauptsächlich aus dem „Kyrie" und dem „Gloria" der unvollendeten Messe c-Moll (KV 427) zusammengestellt.

[6] Für die Symphonien KV 543, 550 und 551 s. *NMA* IV/2, *Sinfonien*, Bd.9. Hrsg. von H. C. Robbins Landon. Kassel 1957.

[7] Mozarts Vorgehen beim Komponieren sah so aus, dass er zunächst die erste Violine, falls nötig, die zweite Violine, den Bass und die anderen Stimmen, insbesondere die Solostimmen, sofern er sie als Gedächtnisstütze für erforderlich hielt, zu Papier brachte. Interessierte Leser sollten den ersten Teil des „Credo" der c-Moll-Messe (KV 427) – sowohl als Eulenburg-Taschenpartitur als auch in der *NMA* I/1, *Geistliche Gesangswerke*, Bd.5. Kassel 1983, S. 100ff. leicht zugänglich einsehen, um sich einen Begriff davon zu machen, wie ein ausführliches Particell (wie es in der Fachsprache genannt wird) aussah. Bei einem grossen Vokalwerk wie diesem skizzierte Mozart den Chor, den Generalbass und die Ritornellabschnitte des Orchesters – und dabei für gewöhnlich die erste Violine, komplizierte polyphone oder kanonische Einsätze in den Streicherstimmen sowie Solopassagen der Holzbläser. Bei Verwendung eines solchen Particells konnte Mozart auch ein umfängliches Werk bis zu drei Jahren beiseite legen, wie es beim Klavierkonzert KV 595 der Fall war, um es dann wiederaufzunehmen und ‚aufzufüllen', wenn die Zeit gekommen war.

8   Siehe die Eintragung in Mozarts Werkverzeichnis; ferner
    Briefe III, S. 363; zu Leopold Mozarts Brief vom 22. Januar
    1785 s. ebda., S. 368. Ein Fall, bei dem das Eintragungsda-
    tum in Mozarts Katalog zweifelhaft ist, ist die *Maurerische
    Trauermusik* (KV 477) unter „im Monath Jully [1785]" mit
    folgender Bemerkung: „[...] bey dem Todfalle der Brbr:
    Mecklenburg und Esterházy [...]" Der Tod der beiden Lo-
    genbrüder Mecklenburg und Esterázy ereignete sich im
    November, und die Trauermusik wurde in diesem Monat
    in Wien aufgeführt. Zu dieser Datierung und der Möglich-
    keit einer früheren Fassung s. Philippe A. Autexier: L'Ode
    funèbre maçonique (Musique de Maîtrise, K. 477) et le can-
    tus firmus des Lamentations. In: *Studia Mozartiana* I (1983),
    S. 1, sowie Autexiers Rekonstruktion der Originalfassung
    mit Vokalstimmen, veröffentlicht von Breitkopf & Härtel,
    Wiesbaden 1985.
9   *Dokumente*, S. 339.
10 Mozart dirigierte die ersten Nummern der *Zauberflöte* im
    weiteren Verlauf dieses Jahres.
11 Zu KV 595 s. *Dokumente*, S. 350.
12 Ein Überblick über den Wandel des Mozart-Publikums
    mag sich aus einer Untersuchung der Liste von Subskri-
    benten des Komponisten ergeben, die er seinem Vater im
    März 1784 schickte. Die Liste enthält die Namen von 176
    Personen, die jeweils 6 Gulden für die Reihe von drei Kon-
    zerten bezahlten (insgesamt 1056 fl.); die meisten von ih-
    nen gehörten dem Adel an. In einem Brief an seinen Vater
    vom 3. März 1784 beschreibt Wolfgang die anderen „Aka-
    demien", bei denen er mitwirkte (*Briefe* III, S. 303 f.):
    donnerstag den 26:ᵗ feb:ʳ beym gallizin.
    Monntag den 1:ᵗ März: beym Joh: Esterhazy.
    donnerstag den 4:ᵗ --- beym gallizin
    freytag den 5:ᵗ - - - beym Esterhazy.
    Monntag den 8:ᵗ Esterhazy.
    donnerstag den 11:ᵗ gallizin
    freytag den 12:ᵗ Esterhazy.

Montag den 15:ᵗ Esterhazy.

Mittwoch den 17:ᵗ Meine Erste accademie *Privat.*

donnerstag den 18:ᵗ gallizin

freytag den 19: Esterhazy.

Sammstag den 20:ᵗ beym Richter

Sonntag den 21:ᵗ meine Erste accademie *Theater.*

Montag den 22:ᵗ Esterhazy.

Mittwoch den 24. meine 2:ᵗ Privat accademie.

Im Jahr 1789 kann sich Mozart, wie wir gesehen haben, nicht mehr länger auf dieses Publikum für seine Subskriptionskonzerte stützen, und dasselbe gilt für 1790 und 1791.

[13] Zum Quintett KV 614 s. *Briefe* IV, S. 128. Zu Tost s. H.C. Robbins Landon: *Haydn – Chronicle and Works.* Bd.2: *Haydn at Esterháza 1766-1790.* London 1978, S. 81f. Konstanzes Brief an André vom 26. November 1800: *Briefe* IV, S. 338.

[14] Zu KV 612 s. *Briefe* IV, S. 128; zu KV 613 s. ebda., S. 407.

[15] Als k. k. Kammerkomponist.

[16] *Briefe* IV, S. 129.

[17] Anscheinend Joseph Orsler (1722-1806), Cellist im Hoforchester; s. *Briefe* VI, S. 408.

[18] Mozart, *Briefe,* IV, S. 130.

[19] Zu Greiner s. Maria Hörwarthner: Joseph Haydns Bibliothek – Versuch einer literarhistorischen Rekonstruktion. In: *Joseph Haydn und die Literatur seiner Zeit.* Hrsg. von Herbert Zeman. Eisenstadt 1976, S. 157ff.; Roswitha Strommer: Wiener literarische Salons zur Zeit Joseph Haydns. Ebda., S. 98; Alfred Arneth: *Maria Theresia und der Hofrath von Greiner.* Wien 1859.

[20] *Österreichische Biedermanns-Chronik* I. Freiheitsburg [Wien?] 1784, S. 66 f.

[21] Joseph von Hormayr: *Taschenbuch für die vaterländische Geschichte* 34 (1845), S. 115.

[22] *Allgemeine Theaterzeitung,* Wien, 15. Juli 1843; Caroline Pichler: *Denkwürdigkeiten aus meinem Leben.* Hrsg. von E.K. Blümml. 2 Bde., München 1914. Bd.1, S. 49 und 293ff.

[23] Zum Türkenfeldzug s. Karl Gutkas: Kaiser Josephs Türkenkrieg. In: *Österreich zur Zeit Kaiser Josephs II.* Stift Melk 1980, S. 274ff. mit zusätzlichem Quellenverzeichnis.

[24] Zur Familie Genzinger s. Landon, a.a.O. (Anm.13), S. 720ff. Zu *Arianna* ebda., S. 738.

[25] Zu den Kompositionsaufträgen in Mozarts letztem Jahr gehörten drei für mechanische Orgel (oder musikalische Uhr), von denen, in chronologischer Reihenfolge, der erste für einen kuriosen österreichischen Aristokraten, den Grafen Joseph Deym von Stržitcž geschrieben wurde. Er hatte nach einem Duell in jungen Jahren aus der Stadt fliehen müssen, kehrte aber später unter dem Namen Müller zuruck und gründete das Müllersche *Kunstkabinett* in der Rotenturmstrasse in Wien, in dem er unter anderem Wachsmasken Josephs II. und Mozarts (nach seinem Tod) zur Schau stellte. Deym besass auch einige ausgefallene mechanische Orgeln, die durch einen Uhrwerkmechanismus betrieben wurden; eine von ihnen war konstruiert worden, um Trauermusik am Denkmal des Feldmarschalls Laudon (Loudon) zu spielen. Der Graf heiratete später (1790) die Gräfin Josephine von Brunsvik, die nach dem Tod ihres Gatten im Jahr 1804 Beethovens Geliebte wurde.

Laudon starb am 14. Juli 1790, und Graf Deym erteilte Mozart den Auftrag, die Trauermusik (KV 594) zu komponieren, was er nur widerstrebend tat („weil es mir eine verhasste Arbeit ist" und „das Werk aus lauter kleinen Pfeifchen, welche mir hoch und kindisch lauten", besteht); s. *Briefe* IV, S. 115f. In einer Beurteilung des Kunstkabinetts von 1797 heisst es:

Man hört alle Stunden eine durch den unvergesslichen Tonkünstler Mozart eigends dazu komponierte passende Trauermusik [für den Feldmarschall], die acht Minuten lang dauert, und an Precision und Reinigkeit alles übertrifft, was man bey dieser Art von Kunstwerken je schickliches anzubringen suche.

Diese Trauermusik war KV 594 (Ende 1790 vollendet); ihr folgten zwei Stücke für mechanische Orgel: KV 608 (am 3. März 1791 in Mozarts Werkverzeichnis aufgenommen) und KV 616 (Eintragung in den Katalog: 4. Mai 1791). Am 31. Mai 1800 schrieb Konstanze an Johann André über eine Reihe von Werken, darunter KV 608 – „dieses soll der einzige Kammerherr Graf v. Deym hier [...] haben" (s. *Briefe* IV, S. 356); die Vermutung, KV 616 sei ebenfalls ein Auftragswerk des Grafen gewesen, könnte zutreffen: Pater Primitv Niemecz, Haydns Uhrmacher, besass zumindest zwei Werke Mozarts auf einer Orgel, die 1801 existierte.

Das letzte Werk dieser Reihe von Auftragsstücken für ungewöhnliche Instrumente war das Adagio und Rondo für Glasharmonika, Flöte, Oboe, Viola und Violoncello KV 617, das Mozart für die blinde Harmonikaspielerin Marianne Kirchgessner (Kirchgässner) schrieb (in sein Werkverzeichnis am 23. Mai 1791 aufgenommen). Er komponierte auch noch ein weiteres Werk für Glasharmonika allein, das Adagio KV 356 (617a), dessen undatiertes Autograph der Pariser Bibliothèque Nationale zeigt, dass es ebenfalls aus dieser Zeit stammt.

Mademoiselle Kirchgessner spielte Mozarts ätherisches, wundervolles Quintett erstmals bei einem Benefizkonzert, das zuerst für den 10. Juni angekündigt war, aus irgendeinem Grund verschoben werden musste und schliesslich am 19. August im Kärntnerthorheater stattfand. Später ging sie nach London und spielte dort am 17. März 1794 wahrscheinlich das Mozart-Quintett in einem Haydn-Salomon-Konzert am Hanover Square, auf dessen Programm das „Quintetto on the Harmonica, Mademoiselle Kirashgessen [sic!] being her first appearance in this ceuntry [sic!]". Die *Morning Chronicle* meinte:

Ihr Geschmack ist erlesen, und die einschmeichelnden Töne des Instruments wären in der Tat entzückend, wären sie nur kräftiger und artikulierter; aber das, glauben wir, bringt die perfekteste Aufführung nicht zustande.

> In einem kleineren Saal und bei einem weniger zahlreichen Publikum muss die Wirkung zauberhaft sein. Obwohl die Begleitung äusserst zurückgenommen war, war sie zuweilen zu laut.

Zum Porträt von Graf Deym und seiner Gattin s. H. C. Robbins Landon: *Beethoven – A Documentary Study.* London 1970, Abbildungen 120 (S. 180) und 122 (S. 181). Laudons Trauermusik in der Broschüre von 1791: KV, S. 681. Zu Niemecz und den Mozart-Stücken s.: *Haydn – Chronicle and Works.* Bd.5: *The Late Years (1801-1809).* London und Bloomington (Ind.) 1977, S. 30. Mademoiselle Kirchgessner und KV 617: KV, S. 703f; *Dokumente,* S. 350f; *Briefe* VI, S. 409; „Morning Chronicle" in H.C. Robbins Landon: *Haydn – Chronicle and Works.* Bd.3: *Haydn in England (1791-1795).* London und Bloomington (Ind.) 1976, S. 243.

Anhang

Literatur

1. Nachweis der Beiträge

„Concert"
Heinrich Christoph Koch: *Musikalisches Lexikon.* Frankfurt a.M. 1802, Sp. 349-355.

„Contrastirungskunst"
Hans Georg Nägeli: *Vorlesungen über Musik.* Stuttgart und Tübingen 1826, S. 158-162.

Carl Reinecke: *Zur Wiederbelebung der Mozart'schen Clavierconcerte.* Leipzig [1891].

Marius Flothuis: Mozarts Klavierkonzerte. In: *Wolfgang Amadeus. Summa Summarum.* Hrsg. von Peter Csobádi. Wien 1990, S. 148-154.
Mit freundlicher Erlaubnis des Autors.

„Col basso"?
Charles Rosen: *Der klassische Stil. Haydn – Mozart – Beethoven.* München und Kassel 1983, S. 214-223.
Mit freundlicher Erlaubnis des Bärenreiter-Verlags.

Dominik Sackmann: Mozarts eigene Kadenzen zu seinen Klavierkonzerten. In: *Vier Vorträge zur Wiener Klassik.* Hrsg. von Dominik Sackmann. Wilhelmshaven 1999, S. 38-46 (= *Publikationen von Musikhochschule und Konservatorium Winterthur* 1).
Mit freundlicher Erlaubnis der Florian Noetzel GmbH.

Urs Frauchiger: *Mit Mozart reden. Szenen*. Zürich 1990, S. 137-150.
Mit freundlicher Erlaubnis von Schott Musik International.

Ulrich Dibelius: *Mozart-Aspekte*. München und Kassel 1972, S. 11-21.
Mit freundlicher Erlaubnis des Deutschen Taschenbuch Verlags.

Konrad Küster: *Mozart. Eine musikalische Biographie*. Stuttgart 1990, S. 227-236.
Mit freundlicher Erlaubnis der Deutschen Verlags-Anstalt GmbH.

Volkmar Braunbehrens: *Mozart in Wien*. München 1986, S. 294-296.
Mit freundlicher Erlaubnis des Piper-Verlags.

H.C. Robbins Landon: *1791. Mozarts letztes Jahr*. München und Kassel 1991, S. 47-58.
Mit freundlicher Erlaubnis des Econ Verlags und Thames & Hudson Ltd.

2. Abgekürzt zitierte Literatur

Briefe
    Mozart. Briefe und Aufzeichnungen. Hrsg. von Wilhelm A. Bauer und Otto E. Deutsch. VII Bde. Kassel 1962-1975.

Dokumente
    Mozart. Die Dokumente seines Lebens. Hrsg. von Otto E. Deutsch. Kassel 1961.

Einstein

Albert Einstein: *Mozart. Sein Charakter. Sein Werk.* Frankfurt a.M. ⁴1968. Hier zitiert nach der Taschenbuch-Ausgabe Frankfurt a.M. 1991.

Hildesheimer

Wolfgang Hildesheimer: *Mozart.* Frankfurt a.M. 1977.

KV

Ludwig Ritter von Köchel: *Chronologisch-thematisches Verzeichnis sämtlicher Tonwerke Wolfgang Amadé Mozarts nebst Angaben der verlorengegangenen, angefangenen, von fremder Hand bearbeiteten, zweifelhaften und unterschobenen Kompositionen.* 6. Aufl. bearbeitet von Franz Giegling, Alexander Weinmann und Gerd Sievers. Wiesbaden 1964.

NMA

Wolfgang Amadeus Mozart: *Neue Ausgabe sämtlicher Werke.* Hrsg. von der Internationalen Stiftung Mozarteum Salzburg. Kassel 1955ff. Insbesondere Serie V, Werkgruppe 15, Band 1-8: Klavierkonzerte.

Glossar

ad libitum Stimme, Instrument oder auch Teil eines Stücks, die weggelassen werden können.

Akademie Konzert (Veranstaltung)

alla Breve(-Takt) 2/2-Takt (¢), in dem die Noten die Hälfte ihres Wertes gelten und der dadurch doppelt so schnell verläuft wie notiert. Ein Beispiel s. oben S. 33.

Alternativo zweiter von zwei zusammengehörigen Tanzsätzen (z.B. das Trio im →Menuett); bei Mozart auch Mittelteil der →Rondoform.

arco bei Streichinstrumenten: mit dem Bogen; gestrichen.

Auftakt, auftaktig vor dem ersten Schlag eines Taktes.

basso continuo (ital. durchlaufender Bass) →Generalbass

bezifferter Bass →Generalbass

Coda →Sonatenform

Continuo →Generalbass

Dominante Dreiklang eine Quinte (fünf Tonstufen) über dem Grundton.

Dukaten 4,5 →Gulden

Durchführung →Sonatenform

Ecksätze der erste und letzte Satz eines mehrsätzigen Werks.

Eingang kurze solistische Überleitung zu einem Hauptthema; von Mozart mit einer Fermate (gehaltenen Note) angezeigt und improvisiert ausgeführt.

Exposition →Sonatenform

Finale letzter Satz eines mehrsätzigen Werks oder Aktschluss-Nummer einer Oper.

Finalmusik zu Mozarts Zeit Semesterschluss-Musik der Salzburger Studenten. Mozart hat zu dieser Gelegenheit mehrere Serenaden und Divertimenti komponiert.

Florin (f:,fl:) →Gulden

Generalbass im Barock eingeführte und zu jener Zeit in fast allen Kompositionen aller Gattungen und Besetzungen verwendete durchgehende Bassstimme; ausgeführt wird sie in der Regel von einem Tasteninstrument (auch Laute, Theorbe, Gitarre usw.) und oft zusätzlich von einem tiefen Streich- (Violoncello, Gambe) oder Blasinstrument (Fagott, Posaune). Mit darüber gesetzten Zahlen (Bezifferung) wird die aus dem Stegreif zu spielende Harmonienfolge angezeigt.

gleichnamige Tonart Dur- und Molltonart mit dem gleichen Grundton und unterschiedlichen Vorzeichen; z.B. A-Dur (3 #) und a-Moll (kein Vorzeichen).

Gulden wichtige Währungseinheit im süddeutschen und österreichischen Raum; (vorsichtig) umgerechnet entspricht ein Gulden (à 60 Kreuzer) ca. SFr. 5.50, was noch nichts über die Kaufkraft aussagt. Das Jahresgehalt eines unteren Beamten in Wien entsprach 3-400 Gulden (s. oben S. 154). Mozart meinte zu seinem Anfang in Wien (26. Januar 1782): „102 fl: und 24 kr: [monatlich]; – mit diesem kann man hier mit einer frau (still und ruhig wie wir zu leben wünschen) schon auskommen." (*Briefe* III, S. 195). S. dazu auch die im Literaturverzeichnis genannten Publikationen von Landon (S. 12 und 84ff.) und Braunbehrens (S. 137-156).

Kontretanz (engl. country dance) populärer Gesellschaftstanz des 18. Jahrhunderts, in der Regel im 2/4-Takt.

Kopfsatz erster Satz eines mehrsätzigen Werks.

Kreuzer (kr:, x:) 60 Kreuzer = 1 →Gulden.

major Dur

Menuett ursprünglich höfischer Tanz im 3/4-Takt; in der Klassik dritter (selten zweiter) Satz einer →Sonate; zu dieser Art Menuett gehört ein Trio.

minor Moll

modulierend, Modulation Übergang von einer Tonart in eine andere.

obligat (obligiert) Stimme oder Instrument, die nicht weggelassen werden können.

parallele Tonart Dur- und Molltonart mit gleichen Vorzeichen aber unterschiedlichem Grundton; z.B. C-Dur und a-Moll (beide ohne Vorzeichen).

Passage nach Kochs *Lexikon* (s. oben S. 227) das „Steckenpferd der Concertspieler"; eine rasche, meist an einem Motiv festhaltende Tonfolge unterschiedlicher Ausdehnung, wobei zwischen Akkord- und Tonleiterpassagen unterschieden wird.

pizzicato bei Streichinstrumenten : gezupft. (Gegensatz: →arco).

Prima vista ein Stück beim ersten Sehen spielen, ohne es eingeübt zu haben; heute: „vom Blatt spielen".

Reprise →Sonatenform

Ripieno das volle Orchester.

Ritornell im Konzert die vom Orchester gespielten Abschnitte.

Rondo in der Klassik oft der letzte Satz einer →Sonate.

Rondoform entweder eine Reihung wechselnder und (variiert) wiederkehrender Themen (z.B. A b A *c* A b A) oder eine Verbindung dieses Prinzips mit der →Sonatenform, indem dort am Schluss von Exposition und Reprise nochmals das Hauptthema (hier A) folgt und anstelle der Durchführung ein neues Thema (hier *c*) treten kann. Der Mittelsatz (hier *c*) steht oft in Moll.

Sekunde zwei auf der Tonleiter nebeneinanderliegende Stufen.

Sinfonie in der Klassik: →Sonate für Orchester.

Soloexposition in Konzertsätzen mit →Sonatenform folgt auf die Exposition des Orchesters eine zweite Exposition des Soloinstruments.

Sonate in der Klassik: in der Regel viersätziges Stück (manchmal auch dreisätzig), dessen erster (manchmal auch letzter) Satz in der →Sonatenform steht. Besetzungen: Klavier; Klavier und eines oder mehrere Instrumente; Streichtrio, -quartett etc.; Orchester (= Sinfonie).

Sonaten(hauptsatz)form wichtigste Form der Klassik, bestehend aus *Exposition*, *Durchführung* und *Reprise*; dazu manchmal einer Coda (Schlussteil). In der *Exposition* werden zwei Themen vorgestellt: ein Hauptthema in der Grundtonart und ein gegensätzliches Seitenthema in der →Dominante; die beiden werden durch eine →modulierende Überleitung verbunden und durch einen Schlusssatz abgeschlossen. In der *Durchführung* wird das Themenmaterial meist stark modulierend) verarbeitet; manchmal kommen auch neue Themen dazu. Die *Reprise* ist eine Wiederholung der Exposition, jedoch ohne zu modulieren. S. auch oben S. 50f., 106 und 115f.

Subdominante Dreiklang eine Quinte (fünf Tonstufen) unter dem Grundton.

Subskription Vorbestellung, Konzertabonnement

Tonika Dreiklang auf dem Grundton einer Tonart.

transponieren in eine andere Tonart versetzen.

transponierende Instrumente s. oben, S.186f.

Tuttisatz s. Ritornell

volltaktig auf dem ersten Schlag eines Taktes.

Register

1. Mozarts Klavierkonzerte

2. Übrige Werke

3. Namenregister